MARCO POLO

Dein Insider-Trip

BODENSEE

Besondere Erlebnisse – von entspannt bis rasant

Inhalt

Die Klassiker reloaded

Altbekanntes ganz neu erleben

Die Leckerbissen

Verführerisches von süß bis deftig

Die kreativen Orte

Kunst & Kultur von gediegen bis hip

Die wilde Seite

Gas geben und Spaß haben von sportlich bis mutig

Die ruhigen Ecken

Entspannen von minimalistisch bis luxuriös

Das pralle Leben

In Feierlaune das ganze Jahr

Mix & Match

Mach dein eigenes Ding

Dies & Das

Karten, Register & mehr

Mainau, Pfahlbauten, Meersburg – so kennst und liebst du den Bodensee. Und echte Klassiker werden auch niemals langweilig. Schau um die Ecke, nimm eine andere Perspektive ein, such die geheimen Orte und neuen Interpretationen. Und huch: Ist da schon ein neuer Klassiker im Anmarsch?

Die Klassiker reloaded

Altbekanntes ganz neu erleben

Total verspielt
Playmobilshow im Landesmuseum

→ **Dass Archäologie und Playmobil zusammenpassen, beweist das Archäologische Landesmuseum gekonnt**

Das *Archäologische Landesmuseum* (ALM) in Konstanz zeigt, was schon so alles in Baden-Württemberg ausgegraben wurde. Im Erdgeschoss sieht es so aus, als sei das eine Baustelle, allerdings wird dort der Arbeitsplatz der Archäologen dargestellt. Dem Boden die altertümlichen Hinterlassenschaften zu entwinden ist ein buchstäblich staubtrockenes Geschäft. Doch es steckt voller Sensationen, wie du in den Stockwerken darüber entdeckst. Weswegen das Museum zu den Besichtigungspromis rund um den See gehört. Das steinzeitliche, römische oder mittelalterliche Erbe des gesamten Bundeslandes begegnet dir hier in seltener Fülle und museumspädagogischer Kurzweiligkeit.

INSIDER-TIPP
You're here, there's nothing I fear

Was vielleicht auch daran liegt, dass Archäologen echte Spielkinder sein können. In Konstanz stehen sie auf Playmobil. In jedem Stockwerk spicken sie die Vitrinen und Aufbauten mit den kleinen Figuren. Die Seefahrtsgeschichte etwa illustriert eine »Playmo«-Galeere samt einem Pärchen, das im Bug die berühmte »Titanic«-Szene nachstellt. Prompt klingt Celine Dion in den Ohren, vielen Dank für den Ohrwurm! Noch ein bisschen mehr Plastik: In der Pfahlbau-Abteilung findet man einen Fischer in seinem Einbaum, ein paar Vitrinen weiter feiern Priester einen Feuerkult. Nicht nur Kinder fühlen sich wie beim Ostereiersuchen. Die große Bescherung findet schließlich im dritten Stock statt, dort werden regelmäßig riesige Playmobil-Landschaften aufgebaut, die sich regionalen Geschichtsthemen widmen. In einer maßstabgetreuen Mischung aus Modellbau und Playmobil erwachten zuletzt z. B. römisch-keltische Schlachten auf dem Bodensee zum Leben. Zwischendrin ein paar sehr anachronistische Seeungeheuer oder Touristen auf Zeitreise. Sie haben eben Humor, die Archäologen.

1 Archäologisches Landesmuseum Baden-Württemberg • Benediktinerplatz 5, 78467 Konstanz • alm-bw.de

MEHR WEIN!
WIR WOLLN SAUFN
UND WEIN!!! SEHR FEIN!!!
LIEBER SAUFEN STATT RAUFEN!
SKOLSTREJK FÖR KLIMATET

Schlein- und Degersee
Zur Abwechslung mal Landstrand!

Im Lindauer Hinterland, wo sich die Landschaft schon langsam hügelt, liegen versteckt Schlein- und Degersee. Alles ist hier ein bisschen kleiner und gemütlicher als am großen See dort unten, dafür hat man aber auch seine Ruhe. Der Strand am Degersee besteht aus einem langen Streifen Wiese, den große Bäume beschatten. Ihr breitet eure Decke und das Picknick im *Lido Strandbad Degersee* aus, lehnt euch zurück und genießt den Tag. Falls es dann doch wärmer wird, bietet die Wiese an mehreren Stellen Zugang zum Wasser. Wer darin den Kopf oben hält, blickt in ein grünes Rund aus Feldern und Wäldern; Stehpaddler gleiten dahin. Für ein Eis erwartet euch der Kiosk. Und sobald der große Hunger durchbricht, schlendert ihr rüber in die *Degerseestube* mit dem Biergarten direkt am Wasser. Es gibt dort u. a. Forellen, Ves-

↓ Da überfällt einen sofort das Urlaubsfeeling – der Ausblick beim Hofgut Schleinsee

per, Steaks und Flammkuchen. Jeden Donnerstagabend schmeißen sie Riesenschnitzel in die Pfanne, freitagabends wird's bayerisch mit halben Hähnchen und Schweinshaxen.

An den benachbarten Schleinsee gelangt man über eine echte Fahrradautobahn: breit, kurvig, schnell. Hin und wieder kommt einem auch mal ein Auto entgegen, tatsächlich sind hier aber vor allem Radler unterwegs. Etwas oberhalb des Ufers findet ihr das *Hofgut Schleinsee*, einen Bauernhof mit vielen Kühen und frischer Milch. Und mit einem Hofcafé, in dem ihr in den Genuss der spektakulären Torten von Gastgeberin Maria Gührer kommt. Falls ihr länger bleiben möchtet, verbringt ihr eure Ferien auf dem Bauernhof und packt im Stall mit an. Das Landleben hat aber auch romantische Nächte im hofeigenen, umgebauten Bootshaus auf Lager, einer Ferienwohnung mit privatem Seebalkon und Badesteg!

INSIDER-TIPP
Zweisamkeit in der Einsamkeit

2 **Lido Strandbad Degersee • Degersee 1, 88069 Tettnang**

3 **Degerseestube • Degersee 3, 88069 Tettnang • degerseestube.de**

4 **Hofgut Schleinsee • Schleinsee 3, 88079 Kressbronn • schleinsee.de**

Bei den Luftfahrt-pionieren Take-off im Flugsimulator

→ **Im Dornier Museum wandelst du auf den Spuren der Luftfahrtpioniere**

→ **Im Flugsimulator bist du selbst der Pilot**

Ok, eine Linkskurve. Langsam legt sich der Horizont quer, sowohl der künstliche als auch der reale. Wobei Letzterer auch nicht so ganz wirklich ist: Immerhin sitzt du gerade in einem Flugsimulator, die Landschaft vor und unter dir breitet sich auf einem großen Bildschirm aus. Aus der Höhe blickst du hinab auf den Bodensee, in der Ferne ragt der Säntis auf. Doch eigentlich hast du dafür zunächst gar keinen Blick, die Anzeigen vor dir machen zu viel Alarm: Höhenmesser, Geschwindigkeitsanzeige, Variometer (der zeigt an, wieviele Meter du steigst oder sinkst) – überall tanzen die Zeiger. Mit dem Steuerknüppel, dem Gashebel und den Pedalen versuchst du, auf Kurs zu bleiben, dafür muss man erstmal ein Händchen oder Füßchen bekommen.

INSIDER-TIPP
Mit dem Profi im Cockpit

Der Simulator im *Dornier Museum* besteht aus dem Original-Cockpit einer »Do 27«, einer Propellermaschine, die ein Bestseller der Friedrichshafener Ingenieure war. Man muss also gar nicht aufsteigen, um im Land der Luftfahrtpioniere ein Gefühl fürs Fliegen zu bekommen. Du buchst einen 15-minütigen Schnupperkurs oder eine ganze Flugstunde. Diese absolvierst du dann neben einem echten Piloten, der dir Tipps für deinen Höhenflug gibt. Apropos: Im *Zeppelin Museum* haben sie einen Luftschiffsimulator installiert. Buchstäblich bodenständig ist der Eisenbahn-Simulator in der *Locorama Eisenbahn Erlebniswelt*, wo du im Führerhaus einer Lokomotive sitzt. Dort schwankt der Horizont dann weniger.

5 **Dornier Museum • Claude-Dornier-Platz 1, 88046 Friedrichshafen • dorniermuseum.de**

6 **Zeppelin Museum • Seestr. 22, 88045 Friedrichshafen • zeppelin-museum.de**

7 **Locorama Eisenbahn Erlebniswelt • Egnacherweg 1, 8590 Romanshorn, Schweiz • locorama.ch**

DORNIER MUSEUM FRIEDRICHSHAFEN

D-EKUI

Feuchtmayer Museum
Werkstattbesuch beim Barockkünstler

← Wie sahen die Arbeitsschritte von Feuchtmayer aus? Im kleinen Museum erfährst du es

Die Klosterkirche Birnau, die Stiftskirche in St. Gallen sowie das Kloster Salem: Joseph Anton Feuchtmayer (1696–1770) arbeitete für alle regionalen Top-Adressen seiner Zeit. Für sie erschuf er filigrane Skulpturen, Altäre und reich ornamentierte Ausstattungen. Sein Spezialgebiet waren Stuck- und Glanzarbeiten, die aussehen wie aus Marmor, aber aus Gips oder Holz bestehen. Ein Meister des Fake, könnte man sagen, ein Magier der optischen Täuschung. Nicht ganz: Seine Kunst stand in hohem Ansehen, weil sie eine Formenvielfalt ermöglichte, die der Stein nicht hergab. Billiger war sie auch nicht: »Am Ende wurden seine Arbeiten viel teurer, weil die Schleifarbeiten sehr aufwendig waren«, erklärt Jürgen Jung, Vorsitzender des Fördervereins Feuchtmayermuseum.

Das Museum steht am Rand des Salemer Ortsteils Mimmenhausen, im Garten davor blühen Sonnenblumen. Feuchtmayer betrieb in dem Haus seine Werkstatt, hier entstanden all die großen Arbeiten, die man rund um den See bewundern kann. Wo seine Kunstwerke schließlich gelandet sind, veranschaulicht eine Karte im Inneren des *Feuchtmayer Museums*. »Feuchtmayer muss man nicht ausstellen, man kann ihn ja überall sehen«, meint Jung und drückt einem einen Schachtelhalm in die Hand. Das schlanke Rohr mit seiner rauen Oberfläche diente dem Künstler und seinem Team als Schleifmaterial. Kein Wunder, dass sie damit ewig brauchten, um ihre Skulpturen auf Marmorglanz zu trimmen. Bis auf ein paar wenige Ausnahmen stellt das Museum nicht Feuchtmayers Arbeiten aus, sondern erlaubt einen Blick in seine Werkstatt. Es zeigt, wie damals Farben angerührt wurden, wie er Stuckverzierungen ausführte und sich mit Zeichnungen um Aufträge bewarb. Quasi das Making-of zur Barock-Show rund um den See.

8 **Feuchtmayer Museum • Tüfinger Str. 10, 88682 Salem-Mimmenhausen • feuchtmayer museum.de**

Wald- statt Seebaden
Auf dem Skywalk

→ **Nach dem Schwanken des Skywalks kommt das entspannte Waldbaden**

Der Dachs kann zwei, das Reh sechs und der Hirsch neun Meter weit springen. Und der Mensch geht in knapp 30 m Höhe durch den Wald. Aber mit weichen Knien, denn der Walk wankt. Die Konstruktion des *Skywalk Allgäu* in Scheidegg wurde ganz bewusst so gewählt, dass die Wege dieses 540 m langen Baumwipfelpfads samt Aussichtsturm schwingend aufgehängt wurden. Schwindelfrei solltet ihr also unbedingt sein, wenn ihr euch auf den hohen Weg macht. Und solange ihr einen einzigen Quadratmeter davon nicht mit mehr als 500 kg belastet, dürfte der Aufenthalt eine sichere Sache sein. Soviel trägt das Material maximal. Ein kleiner Höhenrausch stellt sich dann beim Blick in die Landschaft ein: auf der einen Seite die Berge, auf der anderen Seite in der Ferne der See. Ein guter Ort, um sich mal ein Bild von der regionalen Geografie zu machen. Im weiteren Verlauf des Pfades kann es dann abenteuerlich werden: Der Weg führt über Kletterbrücken, wie man sie eher aus einem Waldseilgarten kennt, auch der Ausstieg via Röhrenrutsche könnte eine Option sein. Geht aber auch per Treppe oder sogar Aufzug.

Wieder unten angelangt, steht ihr mit einem Bein schon fast im Waldbad. Zwischen den Bäumen ringsum schlängeln sich verschiedene Erlebnispfade. Einige Stationen laden z. B. mit Relaxliegen zum Entspannen unter Tannen ein. Andernorts wurde eine Sprunggrube aufgeschüttet, in der ihr euch mit Dachs, Reh und Hirsch ein Weitsprung-Battle liefern könnt. Nicht mit den Tieren direkt, aber mit ihren Weiten, die hier eingezeichnet sind. Ach ja, ein Rezept für hausgemachten Hustensaft stellt euch die Station an einer mächtigen Weißtanne zur Verfügung: Einfach die jungen Triebe mit Zucker in ein Glas schichten und für ein paar Wochen in der Sonne ziehen lassen. Prost, auf das Spaßbad unter den Waldbadeanstalten!

INSIDER-TIPP
Tannentriebe für die Gesundheit

9 **Skywalk Allgäu • Oberschwenden 25, 88175 Scheidegg • skywalk-allgaeu.de**

Große Oper im Puppenkasten Marionettenoper Lindau

Eben, als das ganze Theater in Dunkelheit getaucht und nur das Bühnenlicht zu sehen war, wirkte die Königin der Nacht in Mozarts »Zauberflöte« noch riesig. Wegen ihrer Koloraturen? Oder weil eine Königin ja nie klein sein kann? In Wirklichkeit misst sie keinen halben Meter, wie man »backstage« nach der Vorstellung sieht. Denn dann dürfen die Opernbesucher hinter die Bühne und den Darstellern, in diesem Fall den Puppen, ganz nahekommen. Hier hängen sie an seidenen Fäden, virtuos geführt von Operngründer Bernhard Leismüller und seinem Team. Ihnen gelingt es seit mehr als 20 Jahren, ihren selbsterschaffenen Marionetten in der *Marionettenoper Lindau* poetische Lebendigkeit einzuhauchen. Neben der filigranen Fadenführung spielen auch die passenden Requisiten, Kostüme und Einfälle eine wichtige Rolle bei der Inszenierung. Wie schafft man es als Puppenspieler, dass ebenfalls in der »Zauberflöte« die Vögelchen zielgenau in Papagenos Korb flattern? Ein Geheimnis des Theaters ist bekanntermaßen die elegante Verbindung von Handwerk und Illusion. So auch hier, denn natürlich sind wieder ein paar kunstvoll gesponnene Fäden im Spiel.

INSIDER-TIPP
Meet and greet mit den Stars

Die kleine Oper im Land der großen Häuser – man denke nur an die Bregenzer Seebühne! – hat ihr eigenes »Haus« im Stadttheater Lindau, das seinen Gästen auf Treppen und Fluren buchstäblich den roten Teppich ausrollt. Die Musik kommt freilich vom Band, auf dem Programm stehen die Klassiker der Operngeschichte: Neben der »Zauberflöte« u. a. »Carmen«, »Schwanensee«, »La Traviata« und »Der Barbier von Sevilla«. Dass seine Puppen auch selbst Instrumente spielen, ist Bernhard Leismüller noch nicht gelungen. Doch überraschen würde es einen nicht, wenn es eines Tages soweit wäre.

← Zum Anfassen nah: die Hauptdarsteller der Marionettenoper Lindau

10 **Marionettenoper Lindau • Fischergasse 37, 88131 Lindau • marionettenoper.de**

Steinzeit-Einfamilienhaus Pfahlbauten ganz privat in Wangen

→ Pfahlbau mit schützendem Schilfdach: In der Mitte seines Jahrhunderts stieß Kaspar Löhle auf die runden Pfähle

→ Bei Wangen gleitest du übers Wasser – und darin sollen noch zahllose Pfähle liegen

Kennst du Kaspar Löhle? Einen eigenen Wikipedia-Artikel hat er schon mal nicht, auch sonst weiß man nicht allzu viel über ihn. Er lebte im 19. Jh. in Wangen auf der Südseite der Halbinsel Höri, war Bauer und Ratsschreiber. In den hellen Lichtstrahl der Geschichte ist er aber eher mit seinem Nebenjob getreten: Er buddelte aus dem Seeschlamm vor seinem Heimatort sehr, sehr alte Rundhölzer aus. Kaspar Löhle ist der Entdecker der ersten Pfahlbauten am Bodensee, heute immerhin ein UNESCO-Welterbe. Doch während jedes Jahr Hunderttausende über die Stege des berühmten Pfahlbau-Freilichtmuseums in Unteruhldingen spazieren, kommen nicht annähernd so viele Steinzeitfans nach Wangen. Denn dort steht nur ein einziges Pfahlbauhaus am Ufer, quasi das Einfamilienhaus unter den Pfahlbausiedlungen. Originalgetreu rekonstruiert aus Eichen-, Erlen- und Eschenpfählen, Lehm und Astgeflecht, obendrauf ein Schilfdach. Drinnen – man kann es zu den Öffnungszeiten des angegliederten *Museums Fischerhaus* mit Steinzeitlichem aus Wangen betreten – bekommst du ein historisches, multimediafreies Raumgefühl in privaterem Ambiente.

Wieder draußen braucht es für den Rest der geschichtlichen Sensation etwas Fantasie. Über den Seeweg gelangst du zu Fuß in einer Viertelstunde an den östlichen Rand von Wangen und auf den Kaspar-Löhle-Weg. Stell dir vor, unter dem Wasser, das sich hier vor deinen Augen ausbreitet, schlummern noch Zehntausende Pfähle! Das Siedlungsgebiet vor dem heutigen Wangen war über 2 ha groß, hier lebten schon vor 5000 bis 6000 Jahren Menschen und blickten gedankenverloren wie du über den See. Für Kaspar Löhle waren seine ersten Funde ein großer Ansporn, im weiteren Verlauf seines Lebens hat er noch mehr Steinzeitliches entdeckt und auf diese Weise die regionale Archäologie beflügelt.

11 **Museum Fischerhaus • Seeweg 1, 78337 Öhningen-Wangen • museum-fischerhaus.de**

gen.de
Schnatterente

Welterbe in 3-D Das Bibelkino der Pfarrkirche Sankt Georg

Sankt Georg mag es trocken. Es handelt sich aber nicht um den weltbekannten Drachentöter, sondern um die zwölf Jahrhunderte alte *Pfarrkirche Sankt Georg* auf der Reichenau. Gleich rechts, kurz nachdem ihr die Insel betreten habt. Ein eher unscheinbarer Vertreter des hiesigen UNESCO-Welterbes, den man gern mal übersieht. Das Kirchlein trägt den Namen des berühmten Heiligen, weil es – so heißt es – ein Stück seines Schädels bewahrt. Angeblich irgendwo eingemauert, aber wer weiß das schon. Den höheren Promifaktor hat hier sowieso Jesus. Er ist der Hauptdarsteller auf den Wandmalereien, die das Kirchenschiff in einen grandiosen, einzigartigen Bilderreigen verwandeln. Dass die Farben schon ein wenig verblichen sind, liegt einerseits an ihrem Alter – rund 1000 Jahre. Womit dieses lebhafte Bibelkino – die Ausgestaltung erfolgte in einer für die damaligen Verhältnisse noch sehr seltenen Dreidimensionalität – zu den ältesten Wandmalereien nördlich der Alpen zählt. Eine kunsthistorische Sensation! Es zeigt Szenen aus dem Leben Jesu, in denen er seine berühmten Wunder gewirkt hat, u. a. die Erweckung des Lazarus sowie die Heilung des Blinden. Aber auch, wie er den Sturm auf dem See Genezareth gebändigt hat. Wobei die mittelalterlichen Künstler ihm ein paar Bodensee-Felchen ins Boot geschmuggelt haben.

Andererseits setzt jede Art von Feuchtigkeit den empfindlichen Malereien zu. Es handelt sich um sogenannte »Secco«-Malerei, anders als bei Fresken wurde hier also auf den trockenen Putz gemalt. Weswegen man die Kirche im Sommer ganz exklusiv nur im Rahmen einzelner Führungen besichtigen kann. Denn wie gesagt, Sankt Georg mag es trocken.

← **Zwar etwas verblasst, aber immer noch prächtig: die Wandmalereien in der Pfarrkirche Sankt Georg**

INSIDER-TIPP
Think global, paint local!

12 **Pfarrkirche Sankt Georg • Seestr. 2, 78479 Reichenau • kath-reichenau.de**

Hier geht der See auf Reisen Besichtigungstour im Wasserwerk

→ **Gut zu sehen: Das Wasserwerk oben und sein Lieferant, der Bodensee**

→ **Hinter den Kulissen: Bei einer Besichtigung wirst du in die Wasseraufbereitung eingeweiht**

Tausende Liter Wasser quellen pro Sekunde an die Oberfläche, ein gewaltiges Sprudeln. Im sogenannten Quelltopf des *Wasserwerks Sipplinger Berg*, hoch oben über dem Ufer, wird eindrucksvoll sichtbar, was wir so an Wasser verbrauchen. Während die meisten Menschen mit dem Bodensee Wassersport und einen schönen Tag im Strandbad verbinden, spendiert dieser das Trinkwasser für rund 4 Mio. Menschen. Sie leben in ganz Baden-Württemberg, sogar an der Nordgrenze des Bundeslandes, fast schon in Bayern oder Hessen schlürfen sie jeden Tag literweise kühles Nass aus dem See.

Und es ist ziemlich kühl, wie ihr bei einer Besichtigung des Wasserwerks erfahrt. Mit einer im ganzen Jahr konstanten Temperatur von nicht viel mehr als 4° C wird es in 60 m Seetiefe irgendwo vor dem Ufer von Sipplingen entnommen und durch Rohre hoch auf den Berg gepumpt, durch die man locker einen Einkaufswagen schieben könnte. Wie man während der Führung ebenfalls sieht. Für die Besucher am Rande des Quelltopfs wirkt der kühle Sprudel an heißen Sommertagen wie eine Klimaanlage. Doch die Karawane zieht weiter, vorbei an den riesigen Mikrofiltern, die Algen und Mini-Lebewesen aus dem Wasser keschern, den Tanks mit der Keimbefreiung und den schwimmbadgroßen Sandfilteranlagen, die dem Wasser schließlich ihre finale Trinkfähigkeit verleihen. Zwischendurch immer wieder Rohre, Rohre, Rohre – Megarohre. Alles ist riesig auf dem Berg, wo der Bodensee auf die Reise geschickt wird, um den großen schwäbischen Durst zu stillen.

13 **Wasserwerk Sipplinger Berg • Sipplinger Berg, 88662 Überlingen • bodensee-wasserversorgung.de**

Insel Mainau
Die Baumwunder auf der Blumeninsel

Die Mainau kennt man als Blumeninsel. Doch das Eiland der gräflichen Familie Bernadotte zieren nicht nur Beete in allen erdenklichen Farben – etwa Hunderttausende Tulpen und Narzissen im Frühjahr – und in allerlei Formen, z. B. riesige Formschnitt-Frisuren oder überlebensgroße, blühende Vögel, vom Pfau bis zum Quietscheentchen. Nein, das Herz der Insel sind die Herden Baumbarts. Wer sich mit dem »Herrn der Ringe« nicht auskennt: Das ist ein Baumhirte, der dafür sorgt, dass die (zum Teil sehr durchtriebenen) Bäume keinen Unsinn treiben.

← **Er wacht über seine Kumpane, die alten großen Bäume**

Schon in der Mitte des 19. Jhs. wurden auf der Mainau die ersten Riesen gepflanzt. Dicht beieinander findet ihr sie im Arboretum in Sichtweite des Schlosses, dort versammeln sich wahre Exoten, denen das mildwarme Bodenseeklima – nimmt man ihre Größe als Beweis für ihr Wohlbefinden – augenscheinlich bestens bekommt. Mächtige Libanonzedern gesellen sich dort zu Mammutbäumen, die ihrem Namen alle Ehre machen, zu kalifornischen Dufteiben, Atlas- und Himalayazedern. Einen skurrilen Anblick bieten die Taschentuchbäume: Wenn sie im Frühsommer blühen, sehen sie so aus, als hätte jemand die Zweige mit hunderten weißen Stoffstreifen geschmückt.

INSIDER-TIPP
Hängen dort etwa Tempos an den Ästen?

Auch abseits des Arboretums begegnen euch überall auf der *Insel Mainau* wahre Baumwunder: Knorrig verdrehte Eichen, seltene Maulbeerbäume und ein paar Überlebenskünstler, deren Stämme sich wie der Leib von »Nessi« am Inselufer durch das Wasser winden. Vom abenteuerlichen Wuchs weiterer Gehölze mal abgesehen, die sich wie Brücken über die Wege legen und Kinder auf eine Kletterpartie einladen.

14 **Insel Mainau • 78465 Insel Mainau • mainau.de**

Zeitreise ins Mittelalter Die Meersburg erwacht zum Leben

Plötzlich ist Leben in der Bude. Beziehungsweise in der *Burg Meersburg*, das Mittelalter kehrt zurück. Hohe Herren und Damen treffen sich zum Gelage bei Kerzenschein, während die Köchin am riesigen Herd der Burgküche schwitzt. Und wie viele helfende Hände ihr beim Zubereiten der Mahlzeiten zur Hand gehen! Bis zur Erfindung der ersten Küchenmaschinen werden eben noch ein paar Jahrhunderte vergehen. Nähmaschinen gibt's auch noch nicht, die Burgfräulein führen Nadel und Faden noch mit den Fingern durch feinstes »Linnen«. Während sich die Herren der Schöpfung im Schwertkampf üben, Armbrüste spannen oder den Schmiedehammer auf den Amboss niedersausen lassen.

← Alle versammelt: Die Burg Meersburg ist überraschend belebt

← Die »Burgbewohner« geben gern Auskunft

Von April bis Oktober verwandelt sich Burg Meersburg an gleich mehreren Wochenenden (Termine auf der Webseite) in eine »Belebte Burg«. Darsteller schlüpfen dann in historische Gewänder (auch Rüstungen!) und leben einen mittelalterlichen Alltag. In den unterschiedlichsten Rollen: Man trifft Handwerker und Schmiede, Schreiber und Musikanten, blecherne Ritter und Kettenhemdflicker. So muss es sein, durch die Zeit zu reisen! Hier geht das gefahrlos, verhängnisvolle Verschiebungen im Raum-Zeit-Kontinuum sind ausgeschlossen. Folglich sind alle mittelalterlichen Burgbewohner auch ansprechbar und geben freudig Auskunft über ihre Rolle in diesem Spektakel, ihr Handwerk oder ihr mittelalterliches Leibgericht. Und dafür zahlt ihr als Besucher keinen Cent mehr, die »Belebte Burg« gibt's zum normalen Besichtigungstarif. Wenn ihr dennoch ein paar bare Münzen im Burgsäckel versenken wollt, kauft euch im »Rittermarkt« vor dem Burgtor ein Schwert. Oder eine Deko-Rüstung. Zumindest aber eine Kaffeetasse.

INSIDER-TIPP
Mit Gratistrip in die Geschichte

15 **»Belebte Burg« auf Burg Meersburg • Schlossplatz 10, 88709 Meersburg • burg-meersburg.de**

Hat da jemand »Essen« gesagt? Na klar! Aber nur das leckerste und nur in der schönsten Umgebung. Geh auf Foodietour! Wo es den besten Fisch aus dem See gibt, Torten im versteckten Garten und eine einzigartige Zwiebelsorte. Und danach vielleicht etwas Hochprozentiges?

Die Leckerbissen

Verführerisches von süß bis deftig

Fisch frisch vom Fischer Mehr Sea-to-table geht nicht!

→ **Frischer Fisch bei Riebels Fischdelikatessen – einfach köstlich!**

Wenn Urs Riebel auf der Insel Reichenau und Stefan Knoblauch in Unteruhldingen morgens ihren Job machen, ist das ein oft einsames Geschäft. Noch vor Sonnenaufgang, wenn die meisten Menschen rund um den See noch schlafen, klettern sie in ihre Boote, fahren raus aufs Wasser und fangen Fisch. Hauptsächlich Felchen. Mittags, wenn sogar der letzte Tourist ausgeschlafen hat, wird's dann deutlich geselliger für sie. In ihren kleinen Fischlokalen servieren sie den frischen Fang, beim Verkauf haben sie allerdings Unterstützung: Das Fischgeschäft am See ist Familiensache, alle packen mit an. Das Ergebnis schmeckt. Während man bei *Riebels Fischdelikatessen* in den saftigen Fischburger beißt, zwischen den Brötchen ein Patty aus echtem Seefisch, hat man die Herkunft der Köstlichkeit sogar im Blick. Den Außenbereich trennen nur eine schmale Straße, ein paar Pappeln und ein breiter Schilfstreifen vom See. Auch sehr lecker: Die hausgemachten Maultaschen mit einer Forellenfüllung, jedoch stammen die Zutaten dafür aus einer regionalen Aquakultur. Wer noch Frischfisch shoppen möchte, schaut in Riebels Fischladen um die Ecke vorbei.

Nur wenige Schritte hinter dem Unteruhldinger Hafen hat Familie Knoblauch ihre Fischladentheke samt Restaurant. Ihr sitzt entweder drinnen oder auf der Terrasse, die frischen Felchenfilets kommen direkt vom Grill. Wobei sich ein Besuch in der *Uhldinger Fischtheke* schon allein wegen der Bratkartoffeln lohnt, die sie wahlweise beilegen. Die Leckereien aus der hauseigenen Räucherei verdienen auch eine Kostprobe. Falls ihr auf der Durchreise seid, lasst ihr euch ein frisches Fischbrötchen einpacken.

INSIDER-TIPP
Dazu ein herzhafter Ackerfang

1 **Riebels Fischdelikatessen • Seestr. 13, 78479 Reichenau • riebels-fischdelikatessen.de**

2 **Uhldinger Fischtheke • Poststr. 8, 88690 Unteruhldingen • uhldinger-fischtheke.de**

Constanzer
Wirtshaus

Konstanzer Biergärten Prost im Palast, Prost im Kloster

Mit Biergärten ist das wie mit dem Immobilienmarkt: alles eine Frage von Lage, Lage, Lage. So auch in Konstanz. Bleibt nur die Frage: Heute am Wasser oder doch lieber im Wald? Geht nämlich beides. Eine wahre Prachtadresse ist das *Constanzer Wirtshaus* am Rheinufer. Eine Art Bierpalast, der vor mehr als hundert Jahren für die Speisung des Militärpersonals errichtet wurde. Damals waren Kantinen noch Repräsentationsbauten. Im Innern mit Fenstern wie in einer Kathedrale und einem vergleichbaren Hall. Was bei zunehmender Bierseligkeit der heutigen kulinarischen Klientel zu einem stattlichen Pegel führt. In der Lautstärke, versteht sich. Draußen, unter dem Blätterdach alter Kastanien und Platanen, ist das freilich kein Thema. Da hebt man sein »Constanzer Helles«, das Hausgebraute vom Fass, lässt die Sonne durch den goldenen Inhalt funkeln und freut sich des Lebens. Oder der Aussicht, direkt am Biergarten gondeln die Boote vorüber, gegenüber erhebt sich der alte Rheintorturm. Dann kommt das Essen, die hausgemachten Maultaschen machen sich gut zum »Hellen«.

Falls ihr anschließend gut zu Fuß seid, nehmt ihr den Weg direkt am See entlang, über's »Hörnle« und über Staad bis in den Mainau-Wald. Das könnt ihr in zwei Stunden schaffen und habt dann die Maultaschen-Kalorien wieder rausgewandert. Ziel der Tour ist der *Biergarten St. Katharina* inmitten des Waldes. Der öffnet sich für das alte Kloster, in dem sich die Open-Air-Schenke einquartiert hat. Man sitzt auf rustikalen Holzmöbeln unter Kastanien und lässt sich essenstechnisch am besten von seiner Nase leiten: Der Biergarten ist für seine Grillspezialitäten berühmt.

← Direkt am Rheinufer lädt das Constanzer Wirtshaus zum Biertrinken ein …

← … passend dazu gibt's Weißwürste mit süßem Senf

3 Constanzer Wirtshaus • Spanierstr. 6, 78467 Konstanz • constanzer-wirtshaus.de

4 Biergarten St. Katharina • St. Katharina 1, 78467 Konstanz • mainau.de

Dufte Sache
Grasen gehen im Kräutergarten

→ **Augen schließen, tief einatmen – wie es hier im Aromen-Himmel duftet!**

Im Duftgarten der Gärtnerei in Binningen kommst du ganz schön durcheinander: Es duftet herrlich nach frischen Mohnbrötchen, doch weit und breit ist kein Bäcker in Sicht. Dir läuft das Wasser im Mund zusammen, ein echter Frühstücksmoment. Dabei führt dich die Pflanze vor dir im wahrsten Sinne des Wortes an der Nase herum. Es sind ihre Blätter, die so himmlisch duften wie ein ganzer Brötchenkorb. Deswegen heißt sie auch Mohnbrötchen-Blume. Es ist ein bisschen wie mit Erdbeer-Labello: riecht lecker, lässt sich aber leider nicht essen. Die Zauberei gelingt ein paar Beete weiter auch der Schokoladenblume, die wie eine Tafel Vollmilch duftet und abermals Gelüste weckt.

Wie gut, dass die *Syringa Kräutergärtnerei* zwischen Hegau und Untersee nicht nur verführt, sondern die kulinarischen Bedürfnisse auch zu befriedigen weiß. Ambitionierte Hobbyköche sollten sich auf den Weg in die Gewächshäuser der hier gärtnernden Familie Dittrich machen, wo sie aus dem Staunen nicht mehr rauskommen: Aus den dort lagernden Töpfchen sprießen die Traumaromen nur so heraus. Das Sortiment reicht vom Kümmel- bis zum Zwergthymian, vom Steppen- bis zum Pfeffersalbei, von der Indianerminze bis zum Liebstöckel, vom Wermut bis zur Augenwurz. Praktischerweise stellen die Gärtner auf ihrer Internetseite zahlreiche Rezepte zur Verfügung, damit du auch weißt, was man aus all den exotischen Gewächsen zubereiten kann. Und dann müssen unbedingt noch das Gemüse, die essbaren Blüten und die riesigen Flächen, auf denen hier Pflanzen gezüchtet werden, erwähnt werden. Allein der verzweigte Schaugarten misst 6000 m². Eine Augenweide ist zudem Ende Mai das große Pfingstrosenfeld oben hinter den Apfelbäumen.

INSIDER-TIPP
Blütenbohei macht der Mai

5 **Syringa Kräutergärtnerei • Untere Gräben 1, 78247 Hilzingen-Binningen • syringa-pflanzen.de**

Englische
Pfefferminze
Mentha x piperita "Mitcham"
Gewürz-,Duftpflanze, winterhart, sonnig,
30 cm, VI-VIII, violett
in England zum Kochen

Bio-Tropfen mit lässiger Linie Weinprobe bei der Jungwinzerin

Schon bevor man bei Teresa Deufel einen Wein probiert, hat man ein Lächeln im Gesicht: »SoHo« steht auf einem der Etiketten. Das ist aber kein Tropfen aus London, sondern ein Solaris aus dem Holzfass. Es gibt auch einen »MuHo«, das ist ein Muscaris, der ebenso im hölzernen Kontext reifte. »Sprudeldicke Dirn« heißt ihr Sekt, geschwisterlich vereint mit dem ebenfalls prickelnden »Spannenlangen Hansel«. Da gesellt sich zum Lächeln gleich ein Liedchen auf den Lippen. Die Jungwinzerin hat halt Humor! Und im Weinberg eine Vorliebe für Exoten: Neben Solaris und Muscaris baut sie auch Johanniter an und Pinotin. »Wir sind Bio-Winzer«, meint sie, »und in diese Rebsorten wurde eine Pilzresistenz reingezüchtet.« Pflanzenschutz ist ein großes Thema im Bio-Weinbau, Teresa schwört auf Pflanzenextrakte und Algenpräparate, um ihre Reben vor Schädlingen zu bewahren.

← Mit Liebe zum Wein und Bio-Wertschätzung: Winzerin Teresa Deufel baut auch exotische Weine an

Ihr *Weingut Teresa Deufel* liegt in Lindau-Schachen. Der bayerische Teil der Bodenseeweinwelt gliedert sich eher überschaubar, sie selbst bewirtschaftet drei verstreute Hektar. Eine Lage befindet sich direkt am Wasser, die andere ein paar sonnengetränkte Kilometer weiter hangaufwärts. »Wir versuchen, die Region im Wein zu spiegeln«, erklärt sie. So entspringen ihrem Keller trockene, fruchtige Weine mit einer klaren Linie. Sehr lässig und sehr lecker! Sie passen gut ins »Degelstein«, das die Familie selbst hergerichtet hat – ein »Rädle«, wie sie hier die Straußen- oder Besenwirtschaft nennen. Am Herd steht ihre Mutter Sonja Deufel und kocht, was Saison, Markt, Lust und Laune gerade hergeben. Lass dich überraschen, eine feste Karte gibt es nicht! Das Gleiche gilt für die Öffnungszeiten, die immer mal variieren, auf der Website aber zu finden sind.

INSIDER-TIPP
Einkehr im Familienbetrieb

6 **Weingut Teresa Deufel • Schachener Str. 213, 88131 Lindau • teresadeufel.de**

Dem Apfel auf der Spur Reise durch Mostindien

→ **Farbtupfer auf Grün – herrlich erblüht der »Altnauer Bluescht«**

Im Frühling verwandeln sich die Wiesen und Hänge, die sich vom Seeufer hoch in den Thurgau erheben, in ein watteflauschiges Blütenmeer. Zu Tausenden blühen die Apfelbäume im Kanton, was ihm im 19. Jh. den Spitznamen »Mostindien« eingebracht hat. Manche glauben, dieser sei entstanden, weil der Thurgau eine Form wie Indien habe. Na ja. Wahrscheinlicher ist die klangliche Nähe zu Ostindien – eine Bezeichnung für einen Teil Asiens –, die im vorvorigen Jahrhundert in aller Munde war. Nach wie vor in aller Munde ist der Most, der in vielfältigen Geschmacksrichtungen aus dem Apfel – quasi die Thurgauer Landesfrucht – gequetscht wird. Als »Saft vom Fass« wird er in Arbon zum regionalen Kultgetränk vermöhlt. Im hauseigenen Mostmuseum der Firma Möhl, dem *MoMö,* begleitet ihr den Apfel auf seinem Weg ins Fass oder in den blaugrauen Keramikbecher, der in keinem Thurgauer Haushalt fehlt. Er hält den Saft aber auch lange kühl.

Der spektakulären Blüte, der »Bluescht«, kommt ihr im Frühjahr z. B. auf dem familienfreundlichen *Apfelweg* rund um Altnau nahe. Er schlängelt sich auf drei Routen durch die Plantagen und an den Streuobstwiesen entlang, Start ist am Bahnhof in Altnau.

INSIDER-TIPP
Sleep well in the Fahrgestell

In ein Bett unter'm Apfelbaum klettert ihr für die Nacht auf dem *Hof Hagschnurer* der Familie Bauer in Hüttwilen. Sie hat es auf einem umfunktionierten Anhänger bezogen und schleppt es mit dem Trecker unter den schönsten Baum auf ihren Feldern.

7 **MoMö-Museum • St. Gallerstr. 209, 9320 Arbon, Schweiz • moehl.ch**

8 **Apfelweg • Start: Bahnhof Altnau, Bahnhofstr. 85, 8595 Altnau, Schweiz**

9 **Hof Hagschnurer • Hagschnurer 7, 8536 Hüttwilen, Schweiz • hagschnurer.ch**

In den Sundowner-Logen Schluck für Schluck in die Nacht

In einem »Aperol Spritz« leuchtet der Sonnenuntergang besonders schön. Als verwandle sich das warme Rot des Aperitifs in ein tiefes Glühen. Also hebst du das Glas und lässt den abbrennenden Stern in deinem Drink erglimmen. Vor dir schwappt sachte das Wasser auf den Strand, glatt und feurig liegt der See da. So kann's kommen auf der Terrasse des *Restaurants Sandseele* auf der Reichenau – einer Sundowner-Loge mit bestem Blick.

Mehr Seebreite hast du zur selben Zeit auf der Terrasse der *Gutsschänke Meersburg* vor dir, auch einer Loge, diesmal ein paar Stockwerke oberhalb des Ufers. Stumm schieben sich unter dir die Fähren durchs Wasser, die Sonne verschwindet hinter einem grandiosen Alpenrelief. Du bist im Staatsweingut zu Gast, der Spätburgunder-Weißherbst macht sich z. B. wunderbar vor dem errötenden Horizont. Eine Frage, die Sommeliers viel zu selten hören: Welchen Wein können Sie mir denn zu diesem Licht empfehlen?

Bei Lindau lehnst du dich in deinem Campingsessel zurück. Mit dem Stellplatz in der ersten oder zweiten Uferreihe des »Park-Camping Lindau« hast du das große Los gezogen. Wegen des spektakulären Sundowners und des Abendessens: Das *Strandhaus-Lindau*-Restaurant von Klaus Winter serviert mit »Camp & Dine« seine Spezialitäten direkt in deine Landezone, und das ist eine wahre BBQ-Messe. Ein Sonnenuntergang in der Farbe marinierter Spareribs kommt einem da in den Sinn. Oder ein wohliger Seufzer.

← Mit Blick aufs Wasser lässt es sich lange auf der Terrasse der Gutsschänke Meersburg aushalten

← In der Sandseele kommt richtig Urlaubsfeeling auf

INSIDER-TIPP
Grillgenuss am Campingbus

10 **Restaurant Sandseele • Sandseele 1, 78479 Reichenau • sandseele.de**

11 **Gutsschänke Meersburg • Seminarstr. 4, 88709 Meersburg • gutsschaenke-meersburg.de**

12 **Strandhaus Lindau • Fraunhoferstr. 20, 88131 Lindau • strandhaus.li**

Feiner Biergenuss

Auf Hopfenexpedition am See

→ **Kreative Namen, coole Etiketten: Sigrun und Thomas Bundschuh von Reichenauer Inselbier brauen regionale Biere**

Was trinkt man am Bodensee? Die meisten würden auf Anhieb antworten: Wein. Dabei zaubern dir die Brauer der Region ein paar Kaltschalen zurecht, deren aromatische Fülle sich durchaus mit Wein messen kann. Etwa im *Hopfengut No. 20* in Tettnang. Das Team um Charlotte Müller, Lukas Locher und Braumeister Fritz Tauscher setzt dafür Aromahopfen aus eigenem Anbau ein. Die Dolden, die sie in ihren weitläufigen Pflanzungen direkt vor der Tür ernten, vermarkten sie über den Eigenbedarf hinaus in die ganze Welt. Den Hopfenfans haben sie einen Steg in die meterhohen Plantagen gebaut, so stehst du mittendrin im begehrten Rohstoff. In der Brauerei wird daraus dann wahre Kunst. Das mal nachtdunkle, mal goldgelbe Bier schmeichelt dem Gaumen so sehr, dass man gar nicht glaubt, hier einen Gerstensaft zu degustieren: Pale Ale, Melon Ipa, Lager oder der »Sud eins«. Die Brauereigaststätte eignet sich perfekt für eine Sortimentserkundung!

Callista, Ariana oder Herkules nennen sich die Hopfensorten, die bei Sigrun und Thomas Bundschuh auf der anderen Seeseite gedeihen. Dank ihres *Reichenauer Inselbiers* ist die Reichenau um ein Highlight reicher. Die Verkostungen in der Brauwerkstatt finden an rustikalen Tischen aus hiesigem Pappelholz statt, und bei der Taufe ihrer Biersorten sind die Bundschuhs so kreativ wie beim Brauen selbst, das Braumeister Benny Wabnig übernimmt: Sie heißen z. B. »Hopeye« oder »James Blonde«. Vergiss den Schluck vom »Inselgold« nicht! Die Gerste ist auch eine Inselgeschichte, sie wächst an den Hängen der Hochwart. Dort beginnt auch die Führung durch die Brauwerkstatt, die Thomas Bundschuh anbietet.

13 **Hopfengut No. 20 • Hopfengut 20, 88069 Tettnang • hopfengut.de**

14 **Reichenauer Inselbier • Am Vögelisberg 7, 78479 Reichenau • inselbier-reichenau.de**

Reichenauer
INSEL
BIER
INSELGOLD
INSEL
BIER
HELLES
GRÜNHOPFENPILS

HÖRI-BÜLLE
LOSE
KG 2.50

aus eigenem Anbau
Bargeld.
Produkt-Ausgabe
von der Höri

No more Zwiebelblues
Höri-Bülle aus dem Gemüseautomaten

Seit mehreren Generationen baut die Familie Maier in Moos auf der Höri Gemüse an: Bohnen, Gurken, Karotten, Paprika, Salat. Doch der Star des Sortiments steht am Ende des vitaminreichen Alphabets – eine seltene Zwiebel. Die »Höri-Bülle« wird von ein paar wenigen Erzeugern nur auf der Halbinsel geerntet, die Herkunftsbezeichnung ist streng geschützt. Sie sei so mild, hört man immer wieder, dass man sie roh essen könne wie einen Apfel oder eine Birne. Ist Geschmackssache. Unbestritten stellt aber der aus ihr geflochtene »Büllezopf« einen zeitlosen Klassiker der rustikalen Landhaus-Küchen-Deko dar. Am ersten Sonntag im Oktober gibt es in Moos sogar ein eigenes »Büllefest« *(moos.de)*. Häufiger, nämlich zweimal pro Woche, bricht Familie Maier auf, um ihr Gemüse auf den Wochenmärkten in Singen und Rielasingen unters genussfreudige Volk zu bringen. Auch im eigenen Hofladen liegt die Bülle bereit.

Doch was ist, wenn dich die Büllelust mitten in der Nacht packt? Wenn der Wochenmarkt abgebaut und der Hofladen von *Duventäster-Maier Gemüse* längst geschlossen ist. Das haben sich auch die Maiers gefragt. Und als Antwort einen Frische-Automaten auf ihrem Hof installiert. Ein praktischer Touchscreen führt durchs Sortiment, die Auswahl kommt anschließend tatsächlich ebenso knackig wie abgebildet aus der kalten Kiste. Büllefans shoppen hier gerne auch ein paar köstliche Veredelungen: eingelegte Zwiebeln, ein Zwiebel-Chutney oder das fruchtige Kombi-Chutney »Höri-Bülle-Zwetschge« – alles von Maiers hofgemacht. Die Chutneys passen wunderbar zum Bergkäse aus dem Bregenzerwald, den der Automat ebenfalls auf Lager hat.

← Spezialität von der Halbinsel Höri: die »Höri-Bülle«

← Nicht nur die milde Zwiebel – im Hofladen der Familie Maier gibt's auch Chutneys, Kohlrabi und mehr

INSIDER-TIPP
Zutaten für ein nächtliches Vesper

15 **Duventäster-Maier Gemüse • Dorfstr. 40, 78345 Moos • hoeri-gemuese.de**

Tortenerotik im geheimen Garten
Café Höpker

→ **Schattige Oase zum Plauschen: das Café Höpker**

→ **Qual der Torten-Wahl: Wie soll man sich da nur entscheiden?!**

Schon allein für die »Höpkersahne« lohnt sich die Anreise: eine süße Genusswuchtbrumme mit viel Orange. Es ist die historische *signature*-Torte des *Café Höpker* in Fischbach, der Großvater der drei heutigen Inhaberinnen hat sie erfunden. Die meisten Fans der Traditionsbackstube aus dem Jahr 1953 kommen aber nicht nur wegen der Torten. Denn das auf den ersten Blick unscheinbare Café – es liegt mitten in einem Wohngebiet – hat einen traumhaft schönen, versteckten Garten. Um dorthin zu gelangen, müsst ihr zunächst durch den Verkaufsraum, an der großen Kuchen- und Tortentheke vorbei. Kein leichter Gang. Vergiss also jede Standhaftigkeit, lass dich verführen, Widerstand ist sowieso zwecklos. Ein kurzer Blick auf die Tortenabteilung, in der sich üppige Schichten aus Sahne und Creme übereinanderlegen wie Liebende in vollendeter Entzückung: Erdbeer-Champagner, Apfel-Sahneschmand, Schokomousse, Herrensahne, Trüffel, Kirschpunsch oder Bienenstich. Der Blick wandert weiter über die Obstkuchen und bleibt schließlich bei Rhabarber- und Johannisbeerbaiserkuchen hängen. Eine weitere schöne Beobachtung: welche Mimik diese qual-der-wahl-volle Kalorien-Erotik in die Gesichter der anderen Kuchenkunden zaubert.

Am Ende findet man doch noch sein Plätzchen im Grünen, Seniorchef Heinz Höpker hat nicht nur einen feinen Tortenfinger, sondern auch einen grünen Daumen. Man schreitet sogar über eine kleine Brücke, flaniert zwischen akkurat frisierten Buchsbäumchen hindurch und setzt sich mit Sicht auf den kleinen Teepavillon unter einen großen Sonnenschirm. Dann kommt sie auch schon, die Höpkersahne … Paradiesisch, möchte man sagen!

16 **Café Höpker • Birnauweg 10, 88048 Friedrichshafen-Fischbach • cafe-hoepker.de**

Adler und Reiner
Wirtshauskultur at its bescht

Seit 300 Jahren steht der *Adler* mitten in Lippertsreute, der heutige Hausherr Peter Vögele kocht darin bereits in elfter Wirtsgeneration. Das sind aus historischer Perspektive die Zutaten, die ein Traditionsgasthaus charakterisieren. Alle weiteren werden in der Küche verarbeitet, die sich mit Leib und Seele der badischen Küchenkunst verpflichtet fühlt: Leberle, Bäckle, viel Wild, einheimische Forellen, Schneckenpfännle, Spätzle und das »Mischtkratzerle« – ein knuspriges Stubenküken. Zur sprachlichen Heimatverbundenheit gesellt sich die architektonische: Ein Kachelofen wärmt die holzvertäfelte Stube im Winter, die lange Sitzbank unter den Fenstern verläuft ringsum. Und sommers findet dann das gesellige Adlerleben vor der Tür statt. Die Abende gehen in die Verlängerung, der Bodenseewein trägt seinen Teil dazu bei. Dass der Hausherr auch ein paar edle Tropfen über die Region hinaus hat, zeigt er gern bei einer Weinprobe im uralten Natursteinkeller.

Eher eine Biervergangenheit hat der *Brauereigasthof Reiner* in Lochau, dessen Räumlichkeiten aus dem 18. Jh. stammen. Dass der zwischenzeitlich ausgesetzte Braubetrieb vor ein paar Jahren wieder in Schwung kam, verdankt das Traditionshaus dem Gastgeber Philipp Rainer, der nur zufällig so ähnlich heißt wie die Familie Reiner, die den Gasthof an ihn verpachtet. Käsknöpfle, Wiener Schnitzel, Spinatknödel und Backhendl (quasi die alpenländische Geflügelantwort aufs badische »Mischtkratzerle«) – alles schmeckt nach bester österreichischer Wirtshaustradition. Und das will was heißen, denn die halten sie landesweit in Ehren. Im Reiner sieht man's auch an der gemütlichen Gaststube und dem Biergarten.

← Im Sommer kann man herrlich draußen vor dem Adler in Lippertsreute sitzen …

← … und auch drinnen ist es urgemütlich

INSIDER-TIPP
Im Untergeschoss wird's international

17 **Landgasthof zum Adler • Hauptstr. 44, 88662 Lippertsreute • adler-lippertsreute.de**

18 **Brauereigasthof Reiner • Hofriedenstr. 1, 6911 Lochau, Österreich • reiner-lochau.at**

Steile Obstkarrieren
Hochprozentiges aus Rickenbach

INSIDER-TIPP
Voll der Nette dank Rubinette

→ **Prost! Probieren gehört zu Martin Schmids Job dazu**

→ **Birne oder lieber Pflaume? Im Hofladen der Brennerei Martin Schmid gibt's die Spirituosen zu kaufen**

Ein Obstbauer am Bodensee muss ganz schön pflücken, um seine Ernte in eine Flasche Schnaps zu verwandeln. Bis zu 10 kg Birnen holt Martin Schmid von der *Brennerei Martin Schmid* aus dem Baum, damit später ein Liter aus seinem Brenngerät in Rickenbach tröpfelt. Rund um das Dorf, ein paar Kilometer oberhalb von Überlingen, baut er Williams-Christ-Birnen eigens für die Schnapsproduktion an: »Die Qualität der Früchte ist für einen guten Schnaps entscheidend«, sagt er, »80 Prozent macht das Obst aus.« Doch nicht nur Birnen kommen bei ihm hochprozentig in die Flasche, sondern auch sortenreine Apfelbrände. Seine im Eichenfass gelagerte Rubinette, genüsslich nach dem Abendessen gehoben, spendet spontane Herzenswärme.

Rickenbach liegt ideal für den Obstbau, ganzjährig nicht zu heiß und nicht zu kalt. Der Apfel gibt den Ton an. Und um einen Teil der Ernte geistreich zu veredeln, wird traditionell fröhlich gebrannt. Zwei Straßen weiter hat die Destillerie *Edelbrände Senft* ein »Bodensee-Cöxchen« im Programm, die Sorte ist eher ein Oldie, biegt am Gaumen aber mit großem Charakter ab. Wie alle Früchte, denen der Familienbetrieb mit eigenem Anbau zur steilen Karriere im Glas verhilft: Quitten, Williams-Birnen, Kirschen. Und sogar Zuckerrohr, den beziehen die Senfts allerdings aus Jamaika, um ihn in Rickenbach zu Bodensee-Rum zu veredeln. Dass sie brenntechnisch auch mit Exoten können, beweisen Gin, Whisky und Wodka aus eigener Produktion. So entwickeln sich die regelmäßig angebotenen und mit viel Brennwissen angereicherten Tastings rasch zu einer aromatischen Weltreise.

19 **Brennerei Martin Schmid • Lippertsreuter Str. 2–4, 88682 Salem-Rickenbach • edelschnaepseschmid.de**

20 **Edelbrände Senft • Dorfbachstr. 10, 88682 Salem-Rickenbach • senft-destillerie.de**

MARTIN SCHMID
Feine Spirituose mit Fruchtauszug
SLOE GIN
0,5 L 32,5% vol.
40%vol.
wilde Pflaume
finest selection
unfiltriert

Für den Gourmet-garten Kauf dir ein Trüffelbäumchen

Wie wär's mit ein paar Trüffeln aus dem eigenen Garten? Um die heimische Selbstversorgerküche mal so ein bisschen auf Gourmetniveau zu heben. Was man sonst eher aus dem französischen Perigord oder dem italienischen Piemont kennt, gibt's auch am Bodensee. Am nördlichen Rand von Radolfzell haben Ludger und Bernd Sproll sowie Ulrich Stobbe *Deutsche Trüffelbäume* gegründet, eine Baumschule voller Pflanzen, zu deren Füßen sich beizeiten feinste Trüffel ausbilden sollen. Dafür impfen sie die Wurzeln der jungen Bäume mit den Sporen von Burgundertrüffeln. Anschließend kommen sie in den Boden, in langen Reihen kultiviert das Team um die drei Trüffelpioniere die jungen Triebe. Besonders gut bilden sich die raren Küchenschätze an den Wurzeln von Stieleiche, Hainbuche und Haselnuss aus, schon seit Jahren erforschen die drei Unternehmer die botanischen Bedingungen: Welche Böden eignen sich am besten, wann ist der beste Zeitpunkt, um die Bäumchen in den Boden zu setzen, wie müssen sie anschließend gepflegt werden?

Nach dem Kauf solltet ihr als stolze Trüffelbaumbesitzer Geduld mitbringen. Also besser nicht gleich ein paar Gäste für die erste Trüffelparty am nächsten Wochenende einladen. Denn bis zur ersten Ernte können Jahre vergehen. Fortan kann sie dann aber durchaus ergiebig ausfallen, vorausgesetzt, ihr treibt zusätzlich noch eine Spürnase auf. Das können die berühmten Trüffelschweine sein, noch besser sind speziell ausgebildete Hunde. Aber auch dazu beraten die drei Trüffelprofis euch gerne. Ganz nebenbei haben sie nämlich auch ein hervorragendes Händchen für Vierbeiner.

← Beim Trüffelanbau haben die Experten von Deutsche Trüffelbäume tierische Hilfe

← Sind die groß geworden: Deutscher Burgundertrüffel

21 **Deutsche Trüffelbäume • Karl-Bücheler-Str. 1, 78315 Radolfzell • deutsche-trueffelbaeume.de**

Kunst & Kultur! Zum Gucken. Zum Machen. Zum Mitmachen. Und manchmal auch zum Kaufen. Im Museum oder an der frischen Luft. Wo Bogen selbst gebaut werden. Wo ein uraltes Kloster entsteht und wo ein Museum mit Leere beeindruckt. Hier gibt's jede Menge kreativen Input!

Die kreativen Orte

Kunst & Kultur von gediegen bis hip

Alte Hängebrücke

Beschwingte schwäbische Wertarbeit

→ **Seit Januar 1898 tut sie hier ihren Dienst: die Langenargener Hängebrücke**

Zwischen Kressbronn und Langenargen rauschen die Radler nur so über die Argen, kaum jemand nimmt Notiz davon, dass dabei das Flüsschen auf einer architekturhistorischen Sensation überquert wird. Das kann schon mal passieren, immerhin führt das Bauwerk ein Schattendasein. In direkter Nachbarschaft überspannt ein schmuckloser Betonklon für die Autos das Wasser. Die geschichtsträchtige *Kabelhängebrücke Langenargen* ist Fußgängern und Radlern vorbehalten. Doch da diese die 72 Brückenmeter im nicht selten elektromobilisierten Geschwindigkeitsrausch runterkurbeln, bleibt nicht viel Zeit für historische Architektur. Dabei lohnt es sich sogar, mal abzusteigen: Wie lustige Fußgängergruppen es auf der Brücke demonstrieren, lässt sie sich mit ein wenig rhythmischer Beinarbeit in Schwingung versetzen. Also leicht, man spürt es, eine Schiffschaukel ist sie nicht.

INSIDER-TIPP
I like to move it, move it!

Das Kunstwerk mit den zwei markanten Pylonen an jedem Ufer wurde 1898 eröffnet, die Brücke hängt bis heute an armdicken Stahlkabeln. Die Sensation: Damals war sie eine der ersten Kabelhängebrücken in ganz Deutschland – schwäbische Wertarbeit! Entworfen hat sie Karl August von Leibbrand, ein renommierter Brückenbauingenieur im Dienst des Königs von Württemberg. Hartnäckig hält sich in der Region das Gerücht, die Langenargener Hängebrücke sei ein Vorbild für die Golden Gate Bridge in San Francisco gewesen. Wegen eines Praktikanten. Angeblich hat Othmar Ammann aus Schaffhausen als junger Mann unter von Leibbrand in Langenargen mal ins Metier geschnuppert. Später wurde Ammann einer der berühmtesten Brückenbaumeister der Welt, u. a. wirkte er beim Bau der Golden Gate Bridge mit. Nur ob er damals auch an der Argen zum Bautrupp zählte, ist unter Experten inzwischen umstritten.

1 Kabelhängebrücke Langenargen • Langenargener Str., 88079 Kressbronn-Gohren

Gruseldinner & Spielzimmer Wohnungsbesichtigung bei Dix

Dass die Dixens einen speziellen Humor hatten, lässt sich an der Einrichtung ihres Esszimmers erkennen: Neben den Esstisch hatte Hausherr Otto Dix sein Gemälde »Triumph des Todes« gehängt, auf dem der Sensenmann seine schauerliche Ernte einfährt. Es habe der Familie immer großes Vergnügen bereitet, wenn sich ihre Gäste bei Tisch angesichts dieses Bildes gegruselt haben. Das gibt die Stimme im Audio-Guide auf die Ohren, der durch das Haus der Familie Dix in Hemmenhofen auf der Höri führt.

Otto Dix war einer der berühmtesten Maler des 20. Jhs. Seine Werke, die die gesellschaftliche Zerrissenheit in den Zwanzigern auf einzigartige Weise veranschaulichen, haben die Erinnerung

↓ Schaurig? Schön? Im Museum Haus Dix sieht man, wie Familie Dix lebte

an die Weimarer Republik nachhaltig geprägt. Das Haus am steilen Hang in Hemmenhofen haben er und seine Frau Martha neu bauen lassen und 1936 zusammen mit den drei Kindern Nelly, Ursus und Jan bezogen.

Wer heute über die knarzenden Bodendielen und Treppenstufen im Inneren des *Museums Haus Dix* geht, begegnet dem alltäglichen Leben, das hier stattgefunden hat. Das Werk Otto Dix' wird dabei nur am Rand thematisiert. Besagter Audio-Guide besteht aus einem iPod, mit dem man sich in jedem Zimmer des Hauses einloggt. Ihr könnt u. a. Jan Dix (1928–2019) hören, wie er sich an seine Kindheit in Hemmenhofen erinnert. Im Atelier des Vaters diente ihm z. B. das große, eigens für diesen Raum entworfene und doppelt verglaste Fenster als »Spielzimmer« für seinen Metallbaukasten. Hier waren sie einst gegenwärtig, Vater und Sohn, beide leidenschaftlich in ihr Metier vertieft – der eine bastelnd, der andere malend. Für den heutigen Museumsgänger fühlt sich das an wie ein sehr persönlicher Familienbesuch.

2 Museum Haus Dix • Otto-Dix-Weg 6, 78343 Hemmenhofen • museum-haus-dix.de

Bogenbauer Bruno Ballweg Holzkunst in Perfektion

→ **Echte Kunstwerke sind die Bogen von Bruno Ballweg!**

Bogenbau ist für Bruno Ballweg eine sehr persönliche Angelegenheit: Wieviel Zugkraft bringt man auf, welche Ziele hat man sich als Schütze gesteckt, wie geübt ist man in der fast schon meditativen Vorbereitung auf jeden einzelnen Schuss? Ein Wikingerbogen aus dem frühen Mittelalter entlässt den Pfeil ganz anders als ein eleganter englischer Langbogen. Welche Kraft Ballweg aus seinen Kreationen holt, ist beinahe unglaublich: »Es gibt keinen zu schwachen, es gibt nur zu starke Bogen«, erklärt er lachend. Eigentlich ist er Schreinermeister, doch schon vor Jahrzehnten entdeckte er seine Leidenschaft für den Bogenbau. Als Werkstoffe für seine straff gespannten Kunstwerke dienen ihm u. a. Eibe, Osage und Bambus. Nach Möglichkeit beginnt die Verarbeitung für ihn schon am rohen Stamm, ehe er das Holz Schicht für Schicht in Form bringt. Neben der Herstellung und dem Verkauf der Bogen in seiner *Bruno Ballweg Pfeil- und Bogenmanufaktur* in Biesendorf (Besuch telefonisch vorher anmelden!) bietet er auch mehrtägige Kurse an. Dabei baut ihr euch unter Anleitung des Meisters euren eigenen Bogen. Welches Material euer Kunstwerk haben soll, entscheidet ihr selbst, wie ihr ihn zukünftig pflegt, sagt euch Ballweg ebenfalls. Zudem gibt's Kurse für den Bau eigener Holzpfeile.

INSIDER-TIPP
Hochspannung in der Werkstatt

Einen schön gelegenen *Bogenparcours*, um die elegante Waffe zu erproben, findet ihr z. B. in Weiler auf der Höri. Der Schützenverein hat dort jederzeit zugängliche Rundwege mit 3-D-Zielen aufgebaut. Dort zeigt sich dann, dass es beim Bogensport auf die Ausrüstung ankommt. Nicht zuletzt aber auf den Schützen selbst …

3 **Bruno Ballweg Pfeil- und Bogenmanufaktur • Biesendorferstr. 30c, 78234 Engen-Biesendorf • ballg.de • Tel. 077 33/982 88 60**

4 **Bogenparcours Schützenverein Weiler Höri • Kirchgasse 15, 78345 Moos-Weiler • sv-weiler-hoeri.de**

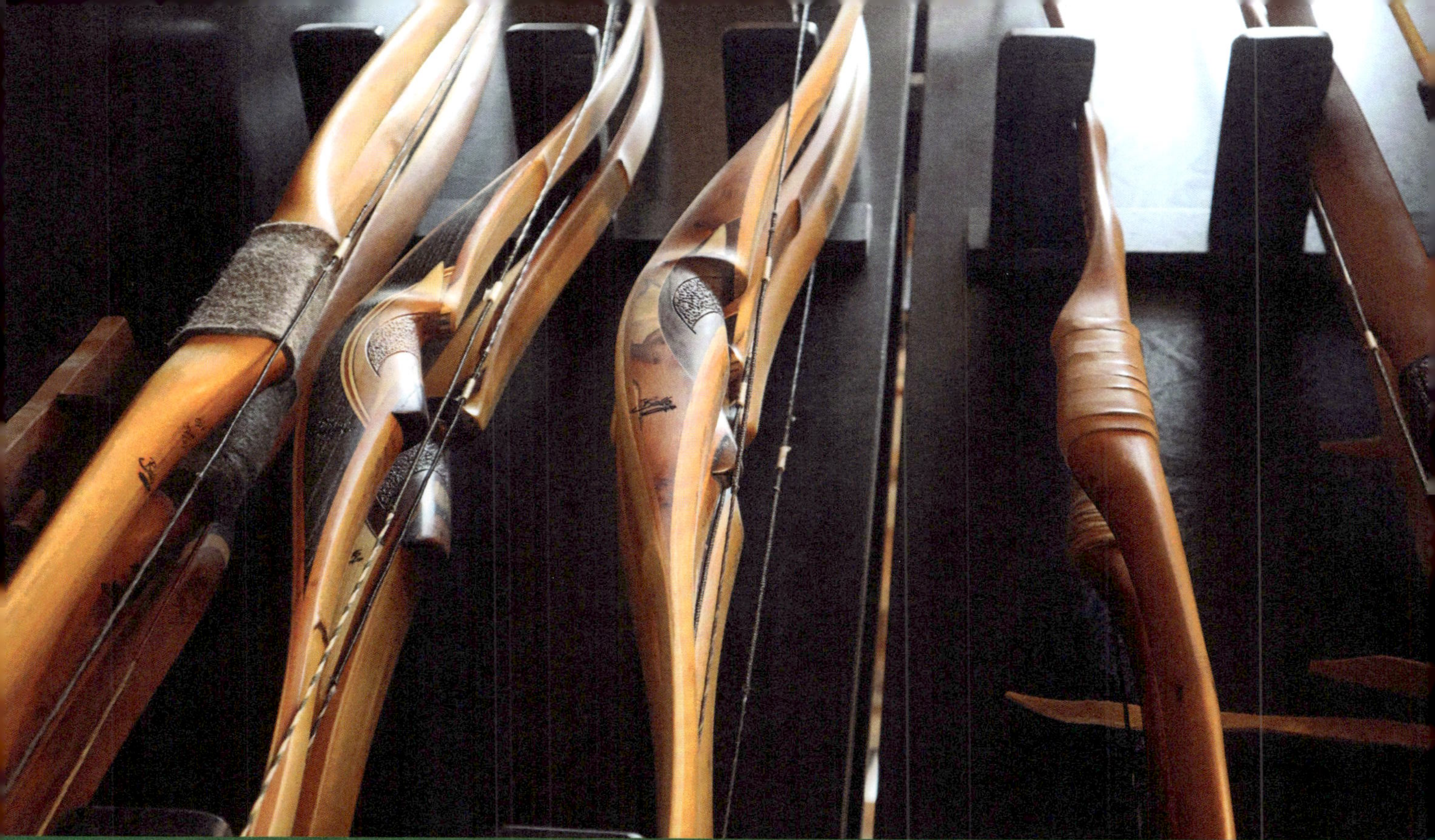

MDCCCLVI

Der voreiszeitliche
Rheintal-Bodensee
Seeblüte
Ebbe und Flut
Wasserhosen
Das Wetter

Am Hafen Lindau

Aufstieg im lustigen Leuchtturm

Bodensee-Kapitäne schätzen den *Lindauer Leuchtturm* vor allem wegen seiner äußerlichen Vorzüge: Er bietet Orientierung bei Tag, Nacht und Nebel. Zusammen mit dem Löwen, der ihm auf der anderen Seite der Hafeneinfahrt sekundiert, bildet er eines der beliebtesten Fotomotive der Stadt. Zurecht, immerhin handelt es sich um den einzigen Leuchtturm Bayerns. Aber das sind nur Oberflächlichkeiten. Falls ihr euch für innere Werte interessiert, nehmt die 139 Stufen, die sich im Turm nach oben wendeln. Und ihr werdet eine Menge über den See, die Schifffahrt und die Menschen am Ufer lernen. Denn die Wände des Treppenhauses wurden mit bunten Malereien und Texten geschmückt. Der erste Treppenabsatz ist z. B. der Geschichte der Schifffahrt auf dem See gewidmet, inklusive eines »Trajektkahns«, der von 1869 bis 1939 mit Schienen ausgestattet war und vom Bahnhof Lindau Waggons übers Wasser transportiert hat. Im zweiten Stock erfahrt ihr, was »Seestaub« ist: So heißt die feine Gischt, die der Wind von einem Wellenkamm weht, da sind einem die zahmen, hier ebenfalls vorgestellten »Schäfchenwellen« doch deutlich sympathischer. Der dritte Absatz erinnert an die Winter mit »Seeg'frörne«, als das Wasser vor der Tür noch komplett zugefroren war, sowie den Lauf des Rheins durch den See, bevor der vierte Stock von Seetiefen und Inselgrößen handelt. Erdkundelehrer und ihre Klassen sparen sich mit einem Leuchtturmbesuch eine komplette Geografie-Stunde. Am Ende des Aufstiegs werden tapfere Treppensteiger mit einem traumhaften Blick über Stadt, See und Berge belohnt. Auf dem Rückweg zeigt der Turm schließlich, dass er sogar Humor hat. So steht auf einem etwas niedrigen Treppendurchgang: »Wer den Kopf zum Holz bemüht, meistens da den Kürzern zieht.«

← Einfach hübsch – kein Wunder, dass Leuchtturm und Löwe ständig für Fotos herhalten müssen

← Der Weg nach oben ist dank der Infos an den Wänden des Leuchtturms gefühlt nur halb so lang

5 Neuer Lindauer Leuchtturm • Hafenplatz, 88131 Lindau • lindau.de

Erlebnis-Museum
Vom Tarzan zum Naturführer

→ **Nix mit langweilig und staubig: Mitmachen ist in der Inatura angesagt!**

Die Ausstellung ist überall: an den Decken, in den Böden, an und sogar in den Wänden. In diese musst du z. B. hineinklettern, um die »Stimmgewalt-Höhle« zu erreichen. Dort schreist du. Und kaum jemand hört dich, alles ist extrem schallgedämmt. Doch du bist hier nicht im Horror-Haus, sondern in der *Inatura* in Dornbirn, wo es um Technik, Wissenschaft, Natur, Klima und Gesundheit geht. Also schreist du hier, um mal zu sehen, wieviel Dezibel du auf die akustische Waage bringst. Mental und körperlich sehr befreiend ist die Tarzan-Nummer außerdem. Es bleibt nicht die einzige Überraschung im Ausstellungskonzept. Den unterschiedlichen Höhenstufen der Alpen näherst du dich an einer Kletterwand, nebenan tost es im Lawinenraum, eine nasse Regenwand zeigt dir ein paar Stockwerke tiefer, dass du nun in Vorarlberger Gewässern angekommen bist, wo dich die Karpfen mit großen Augen angucken. Dazu kommt der einmalige Charme der umgebauten Industrieanlage, in der sich das Natur- und Technikmuseum befindet. Immer wieder ein großer Spaß!

INSIDER-TIPP
Hol dir das Wald- und Wiesenwissen

Doch die Inatura spielt sich auch draußen ab. Jedes Jahr im Frühjahr erscheint das Jahresprogramm mit den neuen Exkursionen und Veranstaltungen. Unterwegs geht es dann um Pilze, die regionale Geologie und neuerdings immer mehr ums Klima. Zudem bildet dich das Museum zum Naturführer aus. Die Ausbildung dauert 20 Tage und findet im Rheindelta, im Großen Walsertal oder in den Bergwäldern statt. Wo das Leben eben so spielt. Näher kommst du ihm kaum. »Es ist unser Ziel, unseren Teilnehmern das nötige Rüstzeug zu geben, um möglichst viele Menschen da draußen zu erreichen, für die Natur zu begeistern und so für einen schonenden Umgang mit der Natur zu sensibilisieren«, erklärt Kursleiter Lukas Rinnhofer.

6 Inatura Dornbirn • Jahngasse 9, 6850 Dornbirn, Österreich • inatura.at

WIRKLICH VON HERZEN...
...kommt das Blut. Dieses geniale Transportmittel versorgt alle Zellen unseres Körpers mit überlebenswichtigen Stoffen. Dazu
gehören nicht nur Energielieferanten und Sauerstoff, sondern etwa auch Vitamine, Mineralstoffe und Hormone. Angetrieben wird
der Kreislauf unseres Lebenselixiers von einem schier unermüdlichen Pumpsystem, unserem Herzen. Zusammen mit einem
riesigen Netz aus Arterien, Kapillaren und Venen ermöglicht es den Kreislauf unseres Blutes.
Blutkreislauf
Spender
Empfänger

Automuseen
Kunstgaragen für die Luxuskarossen

Funkelnder Kühler-Chrom, polierter Lack, makellose Felgen: Die luxuriösen Oldtimer im *Museum Art & Cars* in Singen sehen aus, als wären sie gerade frisch vom Band gelaufen. Wobei die aktuelle »Erdmann & Rossi«-Ausstellung (noch bis 2023) Fahrzeuge zeigt, vornehmlich aus den Zwanzigern und Dreißigern, die fast in reiner Handarbeit gebaut wurden. Die Berliner Karosseriebauer lieferten die fahrbaren Untersätze für den Geldadel der »Goldenen Zwanziger«. An den Wänden glänzen Fotografien aus derselben Zeit – es ist Programm im Museum, dass Fahrzeuge und Kunst gleichermaßen präsentiert werden: »Wir stellen die Autos nicht bloß in Reihe, sondern kombinieren sie mit Kunstwerken«, erklärt Hausherrin und Kuratorin Gabriela Maier. Das gilt auch für die Architektur: Im Inneren des Museums befindet sich ein 18 m hoher Luftraum, der dreidimensional mit spektakulären Video- und Soundinstallationen bespielt wird. Aus jedem der vier Stockwerke hast du einen neuen Blick auf die Show. Im vierten Geschoss stellt Familie Maier ihre eigenen Autos aus, u. a. einen Mercedes SLS, zwei Jaguar E-Type und einen Ferrari von 1983.

← Vorn (Karossen-)Kunst, und dahinter auch

← Großes Autokino im Museum Art & Cars am Fuß des Hohentwiels

INSIDER-TIPP
Arthouse bis unters Dach

Weiterfahrt nach Dornbirn: Die Zwanziger und Dreißiger sind auch die Spezialepochen des *Rolls-Royce-Museums* am Eingang der Rappenlochschlucht. Im früheren Industriekomplex parken überwiegend Modelle der legendären »Phantom«-Reihe – purer Luxus auf vier Rädern, ganze Hallen im »Spirit of Ecstasy«-Rausch. Das ist keine Droge, so heißt die Kühlerfigur der berühmten Limousinen. In der hiesigen Werkstatt werden sie zudem restauriert. Falls du Benzin im Blut hast, hast du hier Puls – garantiert!

7 **Museum Art & Cars • Parkstr. 1–54, 78224 Singen • museum-art-cars.com**

8 **Rolls-Royce-Museum • Gütle 10, 6850 Dornbirn, Österreich • rolls-royce-museum.at**

Campus Galli
Mit anpacken fürs Superkloster

↓ **Die Vorbereitungen für ein Strohdach laufen auf dem Campus Galli, …**

↓ **… zu dem auch eine Weberei gehört**

Im Norden von Meßkirch, etwa 40 km vom Seeufer entfernt, laufen zwei UNESCO-Welterbe-Linien auf einer Großbaustelle zusammen. Auf dem *Campus Galli* soll in einigen Jahrzehnten der St. Galler Klosterplan Wirklichkeit werden. Du findest ihn in der *Stiftsbibliothek des Klosters in St. Gallen* – Welterbe Nummer eins –, dort wird der Bauplan heute ausgestellt. Er zeigt eine perfekte Klosteranlage, wie man sie sich im Mittelalter vorgestellt hat: mit Kirche, Schreibstuben, Gemeinschaftsräumen, aber auch Gartenanlagen, Scheunen und Werkstätten. Ein Superkloster des 9. Jhs. In dieser Zeit ist der Plan nämlich entstanden, gezeichnet haben ihn die Mönche der Insel Reichenau, Welterbe Nummer

zwei. Anhand des Plans haben sich die Reichenauer und St. Gallener Äbte in der Karolingerzeit über die architektonische Seite des Klosterlebens ausgetauscht.

Die Zimmerleute, Schmiede, Steinmetze, Schindelmacher, Tischler und Maurer, die heute den Klosterplan in Meßkirch Wirklichkeit werden lassen, verzichten bei ihrer Arbeit komplett auf Bagger, Akkuschrauber und Motorsägen. Sie arbeiten lediglich mit den Werkzeugen und Materialien, die auch die Handwerker des Mittelalters zur Verfügung hatten: Äxte, Sägen, Schneideisen, Hämmer … Du kannst ihnen bei der Arbeit zusehen, der Campus ist wie eine Art Freilichtmuseum angelegt, Veranstaltungen und Vorführungen zum mittelalterlichen Handwerk inklusive. Die zentrale Holzkirche ist z. B. schon fertig. Oder du packst selbst für ein paar Tage mit an, es werden immer ehrenamtliche Helfer für die Baustelle des 9. Jhs. gesucht. Die Arbeit beschert dir Blasen und Muckis, aber auch unvergessliche Einblicke ins Handwerkerleben vor 1200 Jahren.

9 **Campus Galli • Hauptstr. 25–27, 88605 Meßkirch • campus-galli.de**

10 **Stiftsbibliothek St. Gallen • Klosterhof, 9000 St. Gallen, Schweiz • stiftsbezirk.ch**

Humpis-Quartier Stadtgeschichte unterm Glasdach

Kein Gerber käme auf die Idee, seine Gerbergrube ausgerechnet im Dachgeschoss seines Wohnhauses einzurichten. Viel zu große Sauerei, vom üblen Geruch ganz zu schweigen. Außerdem müsste er das viele Wasser, das er benötigt, ständig durchs Haus schleppen. Trotzdem, hier im Dachgeschoss des *Museum Humpis-Quartier* in Ravensburg machen die zum Trocknen aufgehängten Lederhäute, stimmungsvoll neben der Grube illuminiert, richtig Eindruck. Sie mussten hierhin ausweichen, weil der Innenhof, wo sich die Grube einst befand, inzwischen anders genutzt wird.

Genau genommen bildet der Innenhof das Herzstück des Museums in der Altstadt. Da kommen gerberbedingte Geruchsbelästigungen nicht so gut. Man muss den Kopf ganz schön in den Nacken legen, um von unten den Himmel zu sehen, Wind und Wetter hält ein großes Glasdach über dem Hof ab. So erwacht die Stadtgeschichte trocken und gut geschützt. Denn darum geht es in den fünf mittelalterlichen Gebäuden, die, vom großen Dach wie von einem gläsernen Netz zusammengehalten, das historische Quartier bilden. Die Häuser selbst sind in Teilen bis zu 1000 Jahre alt. Und so präsentieren die unterschiedlichen Ausstellungen darin die Stadtgeschichte anhand der ehemaligen Hausbewohner aus allen Epochen. Da gab es neben den Gerbern z. B. den erfolgreichen Händler, Ratsherren und Bürgermeister Hans Humpis, der hier im 15. Jh. wohnte. Und wie: Die große Stube verfügt noch heute über einen prachtvollen Erker, holzvertäfelte Wände und Decken. Nimm Platz auf den Kissen, lass den Raum ruhig wirken. Nach diesem Humpis wurde das Museum übrigens benannt. Es ist angefüllt mit Kunstwerken und Alltagsgegenständen, die Anlage selbst ist eine große Attraktion – wegen ihrer Architektur, die Geschichte und Gegenwart auf faszinierende Weise verbindet.

← Der von einem Glasdach überwölbte Innenhof ist der Mittelpunkt des Humpis Quartiers …

← … das aus sämtlichen Ravensburger Jahrhunderten erzählt, u. a. von der Handelsgeschichte

11 Museum Humpis-Quartier • Marktstr. 45, 88212 Ravensburg • museum-humpis-quartier.de

Eiszeitpark Engen
Im Tal der fliegenden Speere

→ **Im Brudertal bei Engen triffst du sozusagen auf Mammuts**

→ **Steinzeitliches »Fundbüro«: Am Petersfels wurden bedeutende Funde gemacht**

Die Jäger haben das Wild in die Enge getrieben, im schmalen Tal sitzen die Tiere in der Falle. Mit Speeren bewaffnet haben sich einige Menschen in die Herde begeben, um sie aus nächster Nähe zu erlegen, andere nutzen den Überblick aus erhöhter Position. Im Vordergrund sind schon eine Frau und ihr Kind dabei, die kostbare Beute zu zerlegen. Detailreich veranschaulicht die im *Eiszeitpark Engen* aufgestellte Illustration den aufregenden Tag vor ca. 15 000 Jahren. So oder so ähnlich sah die Jagd damals wohl aus. Was man weiß: Im Brudertal mit dem begehbaren Petersfelsen tummelten sich einst unsere Vorfahren. In Form von Knochen, Alltagsgegenständen und Kunstwerken, von denen einige ein paar Kilometer weiter im *Städtischen Museum Engen* ausgestellt werden, konnte ihre Präsenz nachgewiesen werden. Weshalb die Anlage im Brudertal heute als Eiszeitpark dient. Am Rand der Rundwege durch das Tal erwecken Tafeln die Vergangenheit illustrativ und informativ zum Leben: Wie haben sich die Menschen damals medizinisch versorgt, wie verwerteten sie ihre Beute? Auch die damalige Pflanzenwelt wurde aufwendig renaturiert.

Steinzeitler zum Anfassen gibt es alle zwei Jahre während der »Petersfelstage« im September (nächstes Mal 2022). In die Kleidung der damaligen Zeit gehüllt zeigen Handwerker an ihren Ständen, wie Waffen geschnitzt und Lebensmittel haltbar gemacht wurden. In der Nähe schreiten Mammuts über die Wiese. Und immer mal wieder ist das Brudertal an diesem Wochenende Austragungsort für internationale Meisterschaften für prähistorische Waffen. Dann fliegen sie wieder, die Pfeile und die Speere.

INSIDER-TIPP
Battle of Brothers

12 **Eiszeitpark Engen • Brudertal, 78234 Engen • engen.de**

13 **Städtisches Museum Engen • Klostergasse 19, 78234 Engen • engen.de**

Kundendienst
Alter Simpel

Fesselspiele und Freiluftgalerie Kunst für umme in Radolfzell

In Radolfzell hat der in Bodman heimische Künstler Peter Lenk Europa an eine Hauswand getackert. Also nicht die Landkarte, sondern die den Kontinent symbolisierende Schönheit aus der griechischen Mythologie, größenmäßig reicht die Skulptur mit dem Titel *»Kampf um Europa«* an der Ecke Sankt-Johannis- und Schießerstraße über vier komplette Stockwerke. Außer Beinschienen und einem Helm trägt die Arme eher gar nichts, ihrem Gesichtsausdruck nach scheint ihr das überdimensionale Fesselspiel überhaupt nicht zu gefallen. Wie auch! Gierig zupfen da nämlich Politiker und Wirtschaftskapitäne im Koboldformat an ihr herum. Der Künstler Lenk möchte sein Kunstwerk als Kritik am europäischen Neoliberalismus verstanden wissen, der den Kontinent mit seinem reichen kulturellen Erbe gnadenlos aussauge. Praktischerweise stehen am Straßenrand ein paar Bänke, so lässt sich die Kunst, die hier keinen Cent kostet, ausgiebig betrachten.

← Wird nicht langweilig: Jedes Jahr gibt's neue Fotos in der Freiluftgalerie

Lediglich den Kopf heben muss man auch in der von Lenks Europa keine zehn Gehminuten entfernten Seestraße, über die von März bis Ende September eine *Freiluftgalerie* gespannt wird. »Aufgehängt und hochgesehen« heißt das Motto, Jahr für Jahr werden Dutzende neue Fotografien in den Himmel gehängt. Sie kreisen jedes Mal um ein neues Thema rund um Stadt und Umgebung, zuletzt lautete die Aufgabenstellung für die Fotografen »Geheim-Blicke« oder »Unsere Heimat«. Teilnehmen kann an dem Wettbewerb jeder, welche der Motive schließlich auf 1,5 x 2 Meter gezogen werden, entscheidet eine Jury. Kostenpunkt für diesen Galeriebesuch: ebenfalls nullkommanix.

14 **«Kampf um Europa« • Sankt-Johannis-Str., 78315 Radolfzell**

15 **Freiluftgalerie • Seestr., 78315 Radolfzell**

Gute Nacht mit Geschichte Historische Ferienwohnungen

→ **Leg dich einfach hin, ins gemütliche Bett der Ferienwohnung im »Zum Egle 1336«**

→ **Die authentischen Jugendstil-Räume wirken, als habe Burkhardt gerade erst das »Max Burkhardt Haus« verlassen**

Eine lange Geschichte kann sich in bunten Schichten aus Farbe und Tapete äußern. In der Altstadt von Konstanz, in der Salmannsweilergasse, hat Nicole Dillschnitter ihrem Haus die Gelegenheit gelassen, seine Geschichte zu erzählen. Sie handelt von dicken krummen Holzbalken, verblassten Wandmalereien und vielen Jahrhunderten. Denn die Adresse gibt es unter dem Namen »Zum Egle« seit 1336! Falls du den alten Geschichten lauschen möchtest: Nicole, die das Haus *Zum Egle 1336* umfangreich restauriert hat, vermietet zwei historische Kemenaten, in denen geräumige Betten, aber keine Fernseher stehen; das Bad hat alle modernen Annehmlichkeiten. Besonders schön startet man in den Tag mit einem Frühstück von der Gastgeberin.

Dass auch das »Sonnenblumenhaus« im Schweizer Arbon eine besondere Geschichte zu erzählen hat, sieht man auf den ersten Blick: »Atelier für Photographie« steht auf der Hauswand, über der Eingangstür der Name des Fotografen – Max Burkhardt (1876–1957), unter dem Dach ein aufgemaltes Band aus Sonnenblumen. Das Haus, das er zu Beginn des 20. Jhs. selbst entwarf, präsentiert sich außen wie innen als ein Jugendstil-Juwel. Burkhardt war nicht nur Fotograf, sondern auch Maler, etliche der Räume hat er eigenhändig gestaltet. In dem Haus wohnte er mit seiner Familie, hier empfing er aber auch Kunden, denen er seine Kunstfertigkeit gleich demonstrieren wollte. Ins *Max Burkhardt Haus* kann man sich heute ebenfalls für die Ferien einmieten – und seine einzigartige Atmosphäre wie auf einer Zeitreise erleben.

16 **Zum Egle 1336 • Salmannsweilergasse 10, 78462 Konstanz • bnbkonstanz.de**

17 **Max Burkhardt Haus • Rebenstr. 33, 9320 Arbon, Schweiz • Vermietung über »Stiftung Ferien im Baudenkmal«, ferienimbaudenkmal.ch**

Kunstschule Konstanz Was raus muss, muss raus!

Immer mal wieder begegnen einem in der Konstanzer Altstadt Künstler. Die einen tragen ihre Blöcke unterm Arm, noch auf der Suche nach einem passenden Motiv. Andere sitzen versonnen auf Treppen, Bänken oder Mäuerchen und bannen Straßenszenen, historische Fassaden, Seeansichten, Pflanzen oder Skulpturen auf Papier. Gut möglich, dass es sich um Absolventen der *Kunstschule Konstanz* handelt – Kinder und Jugendliche, aber auch Erwachsene. Denn das Zeichnen und Malen in »freier Wildbahn« ist immer wieder Gegenstand der zahlreichen Workshops, die das Team um Corinna Palz und Luise Merle anbietet. Dass dabei vielleicht auch mal ein Regentropfen auf dem Kunstwerk landet, sei ausdrücklich erwünscht: »Es hat einen ganz anderen Charakter als Arbeiten, die im Studio oder im Atelier erstellt werden«, meint Luise Merle. Ein schöner Kontrast zum schnell mal dahingeknipsten Handyfoto, muss man sich seinem Objekt zeichnend doch mit deutlich mehr Zeit und Muße widmen.

← Bei den Workshops der Kunstschule Konstanz kannst du dich kreativ austoben

Die Räumlichkeiten der Schule liegen derweil nur ein paar Schritte vom Schnetztor und vom Döbeleplatz entfernt. Weitere Workshops wenden sich dort dem Kunstdruck zu, führen Interessierte in die Aquarellmalerei ein, rücken blanken Leinwänden mit Acrylfarben zu Leibe, formen frischen Ton oder wagen sich an die Aktmalerei. Außer Lust auf Kunst muss man nicht viel mitbringen. Das Angebot richtet sich an Kinder, Jugendliche und Erwachsene gleichermaßen, im Mittelpunkt steht der künstlerische Ausdruck: Was raus muss, muss raus! Pinsel, Kreiden und Farben sind dafür ein großartiger Wegbereiter. Dabei gelingt es den Dozentinnen immer wieder, den kreativen Schaffensprozess so anzuleiten und zu unterstützen, dass man dem fertigen Werk auch das Handwerkszeug ansieht.

18 **Kunstschule Konstanz • Blarerstr. 56, 78462 Konstanz • kunstschule-konstanz.de**

Aus Liebe zum See
Heimatfashion mit Herz

→ »Bodensee Liebe« erzählt vom Lebensgefühl am See

→ Das passende Handtuch nach einer Runde Schwimmen im Bodensee

Dass Liebe blind macht oder zumindest gewisse Verzerrungen in der optischen Wahrnehmung mit sich bringt, gehört zu den schönsten Begleiterscheinungen dieser Herzensangelegenheit. Wenn die Sonne über dem See also in Form eines großen Herzens auf- und untergeht, muss der in diesem Fall buchstäblich Anhimmelnde ziemlich verschossen sein. Ist er auch: Timo Spinde hat das Label *Bodensee Liebe* erfunden. Das Logo, das er dafür entworfen hat, zeigt in der Mitte ein kleines Segelboot auf dem Wasser. Dahinter Berge und eben eine herzförmig leuchtende Sonne.

Er habe einfach Lust gehabt, die Zuneigung zur Region auch modisch auszudrücken, meint er. Mit dem Ergebnis kann man sich seenah zeigen, ohne gleich wie ein Tourist auszusehen. Bei ihm selbst war es Seeliebe auf den ersten Blick. Was in seinem Fall was heißen will, denn er war verwöhnt. Immerhin kam Timo aus Schliersee, einer landschaftlich ebenfalls ziemlich privilegierten Region in Oberbayern, nach Konstanz. Mit der rosaroten Brille auf der Nase lebte er sich gleich prächtig ein. Die Logos für die »Liebe«, inzwischen sind es schon ein paar mehr geworden, hat er selbst entworfen und gezeichnet. Er druckt sie u. a. auf T-Shirts für Damen, Männer und Kinder, auf Hoodies, Pullis, Ponchos, Handtücher, Emailtassen, Kappen, Beutel und Babykleidung. Seit Beginn der Liebe 2020 hat er schon tausende Produkte verkauft. Ja, verkauft. Die »Bodensee Liebe« ist nämlich eine käufliche Liebe. Aber mit gutem Gewissen. Etwa wenn Baumwolle im Spiel ist (z. B. in T-Shirts und Hoodies), handelt es sich um reine Bio-Ware. Erhältlich sind die Sachen im Onlineshop sowie in zahlreichen Läden rund um den See, ein Händlerverzeichnis gibt's auf der Webseite.

19 **Bodensee Liebe • Verkauf u. a. im Seevenir, Obere Seestr. 9, 88085 Langenargen • bodensee-liebe.com**

Bodensee
Liebe
Bodensee
Liebe

Leeres Museum? Es gibt hier nichts zu sehen!

Da ist nichts. Je näher du an die weiße Wand trittst, desto mehr erkennst du nur die winzigen Details des Anstrichs. Es ist still. Von draußen dringen vage die Geräusche der Innenstadt St. Gallens herein. Ein krasser Kontrast: Draußen das trubelige Leben der modernen City, drinnen nichts. Und genau das ist auch die Idee des »Museums der Leere«: Nichts. Keine Gemälde an der Wand, keine Skulpturen im Raum, alles blanker Bau. Zugegebenermaßen handelt es sich um ein sehr schönes Gebäude, Jugendstil, den Boden im leeren Ausstellungsraum bedeckt ein Fischgrätparkett. Es bleibt genügend Gelegenheit, die Maserung der einzelnen Hölzer zu studieren, gibt ja sonst nichts zu sehen. Unweigerlich erfüllt sein Knarzen den Raum, sobald man einen Schritt macht. Wo nichts ist, sorgt alles, was in die Leere dringt, unweigerlich für Furore.

← Still. Ruhig. Und (fast) leer.

Insofern geht das Konzept der Künstlerin und Museumsgründerin Gilgi Guggenheim radikal auf. Natürlich ist ihr *Museum of Emptiness* nie leer. Schon in dem Moment, in dem man es selbst betritt und sich auf die schlichte, lehnenlose Bank in der Mitte des Raumes setzt, ist ja einer da. Und derjenige trägt Gedanken mit sich herum, die in der Auseinandersetzung mit dem leeren Raum auf ganz eigene Reisen gehen. Ein fast schon schalkhaftes Konzept, drückt es dem Besucher doch einen Spiegel in die Hand, ohne dafür überhaupt einen Spiegel zu benötigen. Anderen Künstlern überlässt sie die Leere derweil für eigene Arbeiten. Man kann diese dann z. B. riechen, wenn mit Aromen experimentiert, sehen, wenn getanzt, hören, wenn gelesen wird. Spuren hinterlassen diese Arbeiten lediglich in den Besuchern. Das Museum selbst wird am Ende wieder leer zurückgelassen.

INSIDER-TIPP
Wenn die Leere zum Orakel wird

20 **Museum of Emptiness • Haldenstr. 5, 9000 St. Gallen, Schweiz • museumoe.com • Besuch zu Veranstaltungen, Einzelbesuch nach Anmeldung auf der Webseite**

Draenert Möbel Design aus erdgeschichtlichen Sensationen

Das Konglomeratgestein sieht aus wie ein Satellitenbild von der Erde, ebenso der Sodalith, durch den sich wie Flüsse blaue Adern ziehen. Beide sind mehr als eine halbe Milliarde Jahre alt. Heute sind diese erdgeschichtlichen Sensationen als schimmernde Platten Teil des Steinparks der Firma *Draenert* in Immenstaad. In Reih und Glied präsentieren sich dort Kostbarkeiten aus aller Welt, neben dem Konglomerat aus Brasilien und dem Sodalith aus dem afrikanischen Sambia stehen Marmor aus Italien und Granit aus Nordamerika: Faszinierende Schätze, die von den Jahrmillionen der Erdgeschichte geformt wurden, von Naturgewalten und Kontinentalverschiebungen.

Seit drei Jahrzehnten trägt das Unternehmen um den heutigen Geschäftsführer Patric Draenert die natursteinernen Raritäten

↓ **Gesägt und poliert: Der Steinmetz bearbeitet sorgfältig die Steinplatte**

zusammen, sie lagern jetzt im etwa 3000 m² großen Steinpark – eine der international renommiertesten Sammlungen ihrer Art. Als Kunde suchst du dir eine der Gesteinsarten aus, anschließend wandert sie in die Manufaktur, wo daraus z. B. luxuriöse Ess- oder Couchtische hergestellt werden.

Bis zur Fertigstellung der Designmöbel ist es aber noch ein langer Weg. Die Platten werden nicht nur millimetergenau zurechtgeschnitten, sondern auch aufwendig geschliffen und poliert. Anschließend werden sie eingepasst. Dafür entstehen ebenfalls in den Immenstaader Werkstätten die passenden Sockel. Es gibt eine Schlosserei für Metallkonstruktionen und eine Schreinerei für sämtliche Teile aus Holz. Wie wär's mit einem Ausziehtisch aus indischem Serpentinit? Um die schweren Platten später daheim einfach bewegen zu können, tüfteln die Techniker eine clevere Lagerung aus. Schließlich reisen sie weiter in die ganze Welt, vom Bodensee werden sie in etwa 50 Länder verkauft.

21 Draenert GmbH • Steigwiesen 3, 88090 Immenstaad • draenert.de

Und: Action! Auf dem Wasser, zu Lande oder in der Luft. Ob kleine Mutprobe, sportliche Spitzenleistung oder einfach mal aufs Spaßpedal treten: Tob dich aus, sei wild, und zeig, was in dir steckt!

Die wilde Seite

Gas geben und Spaß haben von sportlich bis mutig

Sturz in die Klamm
Bergtouren für Waghalsige

→ **Nur Mut! Abenteuerlich seilen sich die Teilnehmer aus Roman Beers Gruppe ab**

Malerisch schneidet sich die Rappenlochschlucht bei Dornbirn in die Bergwelt. Wanderer erkunden sie über schmale, kühn an den Fels gehängte Stege, schmale Pfade und Brücken. Unterwegs stürzt die Dornbirner Ach in rauschenden Kaskaden zu Tal, füllt große Pools, um bald über dicke Brocken weiter zu brausen. Ein wunderschönes, mitunter erfrischendes Naturschauspiel mit dem Staufensee als Krönung.

Nur schwer zugänglich sind die noch steileren und noch tiefer eingeschnittenen Seitentäler der Rappenlochschlucht, die Kobelach- und die Rudachschlucht. Um dort durch die Felsen zu turnen, schlüpfen die Abenteurer in Neoprenanzüge, stülpen sich Kletterhelme über und schnallen den Klettergurt um. Canyoning! Was die Schluchtensteiger erwartet: Metertiefe Seilschaften in die Klamm hinab, während ein Wasserfall über sie herabstürzt. Sprünge von Felsen in eiskalte Fluten und Kletterpartien am rutschigen Fels.

Roman Beer von *canyoningguides.at* führt schon seit Jahren Gruppen durch die Schluchten. Sein Revier sind »Merlins World« und der »Kanguroo-Jump«, so heißen die Touren in der Kobelach. Beide Touren dauern zusammen ca. fünf Stunden, man kann sie aber auch separat buchen. Auf die Teilnehmer warten Sprünge aus bis zu 13 m: »Für Höhenängstliche ist das leider nix«, meint Roman. Doch keine Angst, man muss kein Profisportler sein, um beim Canyoning Spaß zu haben: »Eine gewisse Grundfitness reicht. Wenn man zwei bis drei Stunden gut wandern kann, sollte das kein Problem sein.« Neben dem Abenteuer erwartet euch ein Landschaftsgenuss in Gebirgswinkeln, die ihr sonst nie zu Gesicht bekommen würdet! Die Ausrüstung wird von Roman gestellt – plus Fotobegleitung für actionreiche Erinnerungen.

INSIDER-TIPP
Im Allerheiligsten der Bergwelt

1 **canyoningguides.at • 6850 Dornbirn, Österreich • canyoningguides.at**

ROBINSON
&
PIRATENS
NUR F
GUT
SCHWIM

Schlosssee Salem
Klarmachen zum Entern!

Dass ausgerechnet das klösterliche Salem eine Piratenhochburg ist, hätte man jetzt auch nicht erwartet. Doch weithin sichtbar weht die schwarze Flagge mit dem Totenkopf und den gekreuzten Säbeln in Fetzen über dem Schlosssee. Das dazugehörige Schiff hat an der Robinsoninsel festgemacht – ein einziger großer Abenteuerspielplatz, an Sommertagen toben kleine Heerscharen über das schattige Eiland. Über einen Steg gelangen die jungen Piraten auf ihr Schiff, das Klettergarten und Sprungturm zugleich ist. Eine Crew nach der anderen brandet an Deck, um das Kommando zu übernehmen. Nicht selten geht dabei ein Seemann platschend über Bord. Wer anschließend eine Runde durchs glasgrüne Wasser schwimmen möchte, quert einmal den See, mittendrin liegen hölzerne Inseln für den einen oder anderen Zwischenstopp. Wieso nicht auch unterwegs ein Sonnenbad nehmen?

← Jetzt wird in See gestochen, gekapert – und gespielt!

Gerahmt wird das Wasser von breiten Liegewiesen, in die man vereinzelt geschwungene Sonnenliegen und Vesperinseln geschraubt hat. Es gibt Umkleidekabinen, eine Beach-Bar, einen Spielplatz und einen weiteren großen Wasserspielplatz für die ganz kleinen Badegäste. Womit der *Schlosssee Salem* zu den vielseitigsten und familienfreundlichsten Strandbädern weit und breit zählt. Sogar an einen Nichtschwimmer-Bereich wurde gedacht. Die Liegewiesen teilen sich sämtliche Generationen, die um den See führenden Stege erwandern die Naturfreunde, am Ende treffen sie sich alle oben am Kiosk, wo sie unter einem schicken Reetdach jene Schnitzel-Pommes-Eis-Gastro finden, wie sie zu einem Freibad unbedingt dazugehören muss. Und der Eintritt in diese Piratenhöhle kostet keinen Cent!

2 **Schlosssee Salem • Am Schlosssee 1, 88682 Salem • salem-baden.de**

Seeschlacht des Schmerzes Mitpaddeln beim Drachenboot-Cup

↓ **Der Verkleidung sei dank – so kann man sein Team gleich erkennen und anfeuern!**

Beim Drachenboot-Cup im Friedrichshafener Gondelhafen wird mal so richtig in den See gestochen. Bis zur Erschöpfung taucht ihr als Sechser-Crew eure Paddel ins Wasser, zieht blitzartig durch, nur um sie erneut einzutauchen. Vor, zurück, vor, zurück, ein wildes Gestocher. Weiter, immer weiter, bis die Arme höllisch brennen, das Seewasser schäumt, an Bord nur schmerzverzerrte Gesichter. Das gleiche Bild bei der Crew gegenüber. Obwohl sie im selben Boot sitzt, wird sich nichts geschenkt. Es geht um Zentimeter. Und die Richtung: Denn die Besatzung, deren Heck als erstes zurückgedrängt wird, hat verloren. Ein bisschen wie Tauziehen auf dem Wasser. So wird aus dem vermeintlichen Rennen ein Stehpaddeln, so wirklich voran kommt das

Boot nur in Zeitlupe, während sich die nicht selten kostümierten Mannschaften die Seele aus dem Leib schaufeln. Mal in die eine, mal in die andere Richtung. Doch die Leiden der Athleten auf ihren harten Ruderbänken kennen keine Grenzen. Im Flow halten euch nur die schreienden Anfeuerungsrufe eurer Fans am nahen Ufer, jedes Team hat seine eigenen Schlachtenbummler im Schlepptau, ein riesiges Spektakel. Bis in einem Teil des Bootes irgendwann die Erschöpfung durchbricht und das eine Heck langsam über die magische Linie geschoben wird, die zwischen Triumph und Niederlage entscheidet. Grenzenloser Jubel bei den Siegern, hängende Köpfe gegenüber, platt wie ein Paddel sind am Ende alle.

Der *Drachenboot-Cup Friedrichshafen* ist einer der Höhepunkte des Seehasenfests Mitte Juli. Es gibt Wertungen für Frauen-, Männer-, Mixed- und Jugendcrews. Prämiert werden nicht nur die heftigsten Seeschlachten, sondern auch die einfallsreichsten Kostüme.

3 Drachenboot-Cup Friedrichshafen • Uferstr., 88045 Friedrichshafen • seehasenfest.de

Bikeparks in den Bergen Dauergrinsen auf der Downhill-Tour

Solltet ihr ins Brandnertal rund 60 km südlich von Bregenz aufbrechen, zieht euch warm an. Also mit Helm und allem, was ihr an Protektoren und Handschuhen im Schrank, in der Garage oder sonstwo habt. Denn der *Bikepark Brandnertal* hat für die Radler mit dem dicken Profil ein paar saftige Abflüge auf Lager. Das Angebot kilometerlanger Trails durch die prächtige Bergwelt ist fast unerschöpflich. Ebenso wie die Schwierigkeitsgrade nach oben offen sind. Falls euch ein »Wurzel-Inferno«, so eine Streckenbeschreibung, oder einige luftige »Take-Offs« Freude bereiten. Dabei geht es um nicht weniger, als in halsbrecherischem Tempo über Schanzen zu rasen und abzuheben. Da liegt der Radler schon mal schräg in der Luft. Manchmal klappt's, manchmal nicht, deswegen die Sicherheitsmontur. Die bekommt ihr aber zusammen mit dem Radl auch vor Ort im Verleih. So wird der Tag im Downhill-Paradies unvergesslich. Schon allein die Namensgebung der Tracks macht Laune: In Anlehnung an den Talort Tschengla heißen die leichten blauen, die mittleren roten und die sauschweren schwarzen Abfahrten »Tschäck the Ripper«, »Tschäckie Tschan« oder »Tschack Norris«. Wer im Brandnertal über die Trails rattert, hat definitiv Spaß. Ach ja, rauf geht's easy mit der Bergbahn.

Nicht ganz so groß ist der *Bikepark Schienerberg* auf den Höri-Höhen zwischen Schienen und Bankholzen. Dafür liegt er näher. Er besteht aus drei verschieden schweren Downhill-Trails. Euch erwarten kernige Waldslaloms über Schanzen, eigens montierte Hindernisse und Steilkurven aus Holz, da begibt sich die Radgabel mehr als einmal auf einen weiten Federweg.

← Mit Dauergrinsen im Gesicht: Im Bikepark Brandnertal saust man die Hügel runter und hebt ab

4 **Bikepark Brandnertal • Tschengla 3, 6707 Bürserberg, Österreich • bikepark-brandnertal.at**

5 **Bikepark Schienerberg • Schienerbergstr., 78337 Öhningen • bikeparkschienerberg.de**

Über die Hegauvulkane Panoramatour mit Ruinen

INSIDER-TIPP
Kaffeeklatsch an der Rennbahn

↓ Freie Sicht: Rundumblick vom Hohentwiel

Dieser Wandertipp steht nicht wegen seiner Action im »wilden« Kapitel, sondern wegen seiner Länge und seinen Anstiegen. Es geht um die 26 km lange *»Querweg«-Etappe von Engen nach Singen*. Macht euch also früh auf die Socken. Die Tour beginnt in den malerischen mittelalterlichen Gassen Engens, die an sich schon eine Reise wert sind. Merkt euch für eine ferne Rückkehr die *Konditorei Huber* in der Sammlungsgasse, die macht zwar erst mittags auf, hat aber Traum-Torten in der Theke. Wandertechnisch folgt ihr der liegenden weiß-roten Raute auf gelbem Grund, sie markiert den Querweg. Der erste Vulkan, den ihr passiert, ist der Hohenhewen. Der Wanderweg schlängelt sich östlich durch den Wald zu seinen Füßen, wer hier schon sein Gipfelpulver verschießen möchte, steigt auf zur Burgruine und genießt die Aussicht über

den Hegau. Grandios! Doch es erwarten euch noch drei weitere Gipfel mit ihren Burgruinen, überlegt's euch. Anschließend durchquert ihr Welschingen und nehmt Kurs auf den Hohenstoffeln mit seiner Sattelkuppe. Der Weg führt jetzt immer weiter bergauf über Wiesen und Felder. Unterhalb des Hohenstoffeln knickt der Weg hinter Weiterdingen nach Osten ab, ihr nähert euch jetzt dem höchsten Punkt der Tour – dem steinernen Hegaukreuz. Fast Halbzeit, ein wunderbarer Platz für eine Rast. Wie ihr seht: Weit und breit kein Wirtshaus, besser ihr habt den Schmaus im Rucksack. Über Mägdeberg und Hohenkrähen – beide mit eingebauter Burgruine und Superpanorama – führt euch der Querweg zum Hohentwiel. Die Großburg war schon Festung und Gefängnis, der Wald ringsum bietet seltenen Pflanzen und Vögeln ein Zuhause, mit Glück entdeckt ihr Wanderfalken und Milane. Am Fuß des Berges fallt ihr am Bahnhof Singen-Landesgartenschau schließlich in den »seehas«, der halbstündlich zurück nach Engen bähnelt.

6 **»Querweg«-Etappe von Engen nach Singen • sbb-deutschland.de**

7 **Konditorei Huber • Sammlungsgasse 2, 78234 Engen • konditoreicafehuber.com • Mi–So 12–18 Uhr**

BLÖCKLE
BOULDERHALLE RAVENSBURG
WALLTOPIA

Boulderhallen »Gradwanderungen« für Puristen

Beim Bouldern läuft's zum Glück nicht wie im wahren Leben: Wenn was schiefgeht, landest du meistens weich. Bei diesem Klettern ohne Sicherung fangen dich immer eine Matte oder ein Weichboden auf. Denn oft ist der Weg an der Wand eine echte Tüftelei: Was ist der nächste Zug, wie überwindest du die Stelle? Der ganze Körper ist gefragt, mal kommt die Lösung aus den Fingern, mal aus den Armen, mal aus den Beinen. Nur ohne Köpfchen, den Navigator, geht gar nichts. Es kann gleich losgehen: Du brauchst außer Kletterschuhen keine Ausrüstung. Also rein in die Wand!

Im Boulderbereich des *Kletterwerks* in Radolfzell kraxeln Anfänger und Profis. Jeder folgt dem eigenen Schwierigkeitsgrad, steigt aus, versucht's erneut. Auf der Matte tüftelt man zusammen die Routen aus – Bouldern kann auch Teamsport sein! Dazwischen hängt aber jeder ziemlich allein im 45-Grad-Überhang.

Ähnliche Herausforderungen kennt auch *Das Blöckle* in Ravensburg, wo die Kletterer größtenteils durch Routen in einer großen hellen Halle steigen. Auf 650 m² Fläche kommen 180 Routen zusammen, und der hohe Raum erzeugt ein Outdoor-Kletter-Feeling. Zwischendurch »entspannst« du dich auf der Slackline.

In Bregenz fordert dich derweil die *Greifbar* heraus. Dort haben sie eine Kletterwand in den Biergarten gestellt, sodass du auch im Freien bouldern kannst. Hauptattraktion bleiben freilich die Routen im Indoor-Bereich mit diversen Schwierigkeitsgraden.

← Ab ins Ganzkörperquälprogramm – beim Bouldern, etwa im Blöckle, spürst du jeden Muskel

8 Kletterwerk • Werner-Messmer-Str. 12, 78315 Radolfzell • kletterwerk.de

9 Das Blöckle • Deisenfangstr. 7, 88212 Ravensburg • boulderhalle-ravensburg.de

10 Greifbar • Achsiedlungsstr. 1, 6900 Bregenz, Österreich • greifbar-bouldern.at

Kletterpark und Seilrutsche Mach die Gondel!

→ **350 m lang und in 60 m Höhe: Mit der Flying Fox der Lochmühle Eigeltingen fliegst du durch die Luft**

Beim Drahtseilakt ist der ganze Körper gefordert. Mit kleinen Schritten balancierst du über das dünne Seil, Meter für Meter spürst du Körperregionen, die sich noch nie bemerkbar gemacht haben. Wer hätte gedacht, dass der Spaziergang durch die Wipfel so anstrengend wird! Das Höhentraining findet im *Erlebniswald Mainau* statt, die Bäume stehen auf dem Festland direkt gegenüber der »Blumeninsel«. In luftiger Höhe geht's über wackelige Stege, durch baumelnde Seilschlaufen und Kletternetze. Arme, Beine und so ziemlich jeder Muskel dazwischen werden auf die sportliche Probe gestellt. Ebenso wie die Schwindelfreiheit – die neun verschiedenen Parcours führen bis zu 30 m in die Höhe. Zum Glück hängen am Ende jeder Kletter- und Balanciereinheit Holzplattformen an den Baumstämmen – für eine kleine Verschnaufpause. Für Sicherheit sorgen Kletterhelme und -gurte, mit denen du dich in die Führungsseile der Anlage einhakst. Mittendrin bilden schwankende Hängebrücken den »Baumhausweg«, der u. a. zum Ast- und zum Rindenbaumhaus führt. So kreativ kann naturnahe Architektur sein, ein echter Hingucker!

INSIDER-TIPP
Besuch in hängenden Hütten

Staunend verfolgt man auch die waghalsigen Abenteurer, die in der *Lochmühle Eigeltingen* im Hegau das »Abenteuer im Steinbruch« gebucht haben. Das entpuppt sich als 350 m lange Hochgeschwindigkeitsfahrt an einem dünnen Stahlseil durch einen kompletten Steinbruch. Oder eher: darüber hinweg. Dabei gondelst du nur in deinem Klettergurt, der Abstand zwischen dir und dem festen Boden beträgt bis zu 60 m. Da bekommt man schon mal weiche Knie – würden sie nicht so durch die Lüfte baumeln.

11 Erlebniswald Mainau • Insel Mainau 1, 78465 Insel Mainau • erlebniswald-mainau.de

12 Lochmühle Eigeltingen • Hinterdorfstr. 44, 78253 Eigeltingen • erlebnisgastronomie.de

Pumptracks
Wellenrodeo auf zwei Rädern

Im Schweizer Güttingen pumpen die Cracks mit ordentlich Speed über die Hügel. Rauf und runter, rauf und runter, immer schneller. In den Anliegern (Steilkurven) neigen sie sich dem Boden gefährlich entgegen. Wer hier die Nerven verliert, macht aus der Kurve schnell mal eine Schanze, der Abflug könnte schmerzhaft werden.

↓ Für Biker und Skater wurde der Pumptrack Güttingen angelegt

Die Fahrt auf einem Pumptrack ist was für Körperbeherrscher. Um mit einigermaßen Speed über die Hügel, eigentlich sind es höhere Bodenwellen, und durch die Anlieger zu kommen, treten die Radler nicht in die Pedale, sondern be- und entlasten abwech-

selnd ihre Räder. Das sieht aus, als würden sie auf ihrem Rad pumpen, daher der Name. Neben den Sportlern kommt es auch auf die Designer der Tracks an. Sie müssen die einzelnen Hügel so koppeln, dass der Pump-Rhythmus die Biker auch in Fahrt bringt. Eigentlich gelingt das mit allem, was Rollen hat. Am meisten sieht man auf den Tracks aber (ungefederte) Mountainbikes, BMX, Tretroller und Laufräder. Und eher junge Radler, denen das Pumpen ruckzuck in Fleisch und Blut übergeht.

Einer der längsten Tracks der Region ist der in Güttingen. Damit neben den Radlern auch die Skater hier durchrollen können, wurde er asphaltiert. Der *Pumptrack Güttingen* misst knapp 250 m und sieht aus wie eine Mini-Rennstrecke mit rasanten Steilkurven, zusätzlich wartet ein kleiner »Kidstrack« von etwa 50 m.

Regelrecht aus dem Wald modelliert haben die Mitglieder des Radfahrer-Vereins den *Pumptrack Weingarten*. Hier pumpt ihr statt über Asphalt über Erdhügel – ob Staub oder Matsch, das Rad-Rodeo sieht man euch und euren Bikes am Ende definitiv an.

13 **Pumptrack Güttingen • Rotewisstr., 9220 Güttingen, Schweiz • pumptrack-guettingen.ch**

14 **Pumptrack Weingarten • Nessenreben 5, 88250 Weingarten • rv-weingarten.de**

Quer durch den See kraulen Nix für Badewannenkapitäne

→ In der Meute wird gestartet – beim Openwater-Schwimmen durch den Bodensee

→ Geschafft! Die Anstrengung ist vorbei, Spaß hat es allemal gemacht

Um von Konstanz ins gegenüberliegende Meersburg zu gelangen, musst du nicht die Fähre nehmen. Du kannst auch schwimmen. Es sind bloß 5 km, das kannst du in einer guten Stunde schaffen. Also in dieser Zeit schaffen es die Schnellsten, die auf diesem Weg den See durchqueren, die Profis beim *Openwater-Schwimmen.* So nennt sich die Disziplin des Schwimmens in offenen Gewässern. Zumeist geht es schon frühmorgens im roten Schein einer tief stehenden Sonne los – ein grandioses Naturerlebnis! Doch es kann auch eine ziemliche Qual werden, wenn der See mal nicht glatt daliegt wie ein Hallenbadbecken. Wenn den Athleten der Wind und die Wellen ins Gesicht schlagen, die Orientierung abtaucht und jeder Zug zu einem fürchterlichen Kraftakt wird. Ein trainierter Wasserathlet sollte man also schon sein, um von Konstanz nach Meersburg zu kraulen – das ist nichts für Badewannenkapitäne.

Und man sollte sich an die offiziellen Termine halten, an denen die Openwater-Querungen angeboten werden. Dann gibt's auch eine professionelle Zeitmessung und Begleitboote, sicher ist sicher. So wird garantiert, dass die Schwimmer sich nicht mit dem Schiffsverkehr verhaken, bei solchen Begegnungen weiß man ja schon vorher, wie sie ausgehen. Veranstaltet werden die Extrem-Schwimmer-Events vom Verein »Bodensee-Openwater«, der nicht nur die Route Konstanz–Meersburg, sondern u. a. auch Allensbach–Reichenau, Dingelsdorf–Überlingen, Lochau–Bregenz und das 11-km-Monster Friedrichshafen–Romanshorn im Programm hat. Wer dabei war, kann nichts weniger behaupten, als den größten See Deutschlands bezwungen zu haben. Nach allem, was man so sieht und hört, soll es sogar Spaß machen.

15 Openwater-Schwimmen • Startpunkt Konstanz, Strandbad Horn • Eichhornstr. 100, 78464 Konstanz • bodensee-openwater.com

MAD WAVE
MAD WAVE

Wakeboarding
Let's have a ride on the Heckwelle

← Wasserspaß an der Leine: Wakeboarden mit der Wakeboard Fahrschule Bodensee

Halb stemmst du dich mit dem Brett gegen das Wasser, halb lässt du dich tief aus den Knien herausziehen. Wenn der Motor des Bootes vor dir langsam, aber unwiderstehlich höher dreht, besteht die Kunst in genau dieser Balance. Dann stehst du. Auf dem Wasser. Und findest irgendwo im kabbeligen Ritt über die Heckquelle deine Spur. So also geht Wakeboarden. Bloß nicht den Bügel loslassen! Sekunde für Sekunde wirst du sicherer. Und fängst an, es so richtig zu genießen. Nur der Muskelkater, den dir dieser Ausflug an der Leine bescheren wird, kündigt sich früh an.

Vor dem Strand des Campingplatzes Fließhorn in Dingelsdorf pflügt das »Master Craft X«-Boot der *Wakeboard Fahrschule Bodensee* mit 400-PS-Power durch den Überlinger See. Ein Monster von einer Maschine! Es ist ein gutes Revier, um die Brettsportler ins Schlepptau zu nehmen, verkehrstechnisch hält sich das Aufkommen hier in Grenzen. Nur ein paar Stehpaddler in der Nähe kommen angesichts der strammen Heckwelle, die das Boot aufwirft, mächtig ins Wanken. Ein Schnäppchen ist der Ritt nicht gerade, die Stunde kostet 160 Euro – inklusive Board, Schwimmweste und der guten Tipps von der Crew. Anfänger können sich die Zeit teilen, wenn der eine fährt, sitzt der andere im Boot. Nach gut 20 Minuten fangen die Beine auf dem Wasser sowieso an zu zittern.

Ein bisschen weniger Openwater-Wakeboarding gibt's im *Wakepark Romanshorn*, wo dich ein Lift durchs Wasser zieht. Trotzdem ein Riesenspaß! Zwischendrin fliegen die Profis über einige »Obstacles«, schwimmende Schanzen. Wer die Landung zunächst noch fürchtet, bleibt einfach auf dem Wasser. Easy!

16 **Wakeboard Fahrschule Bodensee • Am Fließhorn 1, 78465 Dingelsdorf • wakeboard-fahrschule.de**

17 **Wakepark Romanshorn • Seepark, 8590 Romanshorn, Schweiz • wakeparkromanshorn.ch**

Heavy Hiking
Von Konstanz nach Meersburg wandern

→ **Schritt für Schritt für Schritt – da muss auf der Wanderung zwischendurch eine Pause zum Aussicht genießen eingelegt werden**

INSIDER-TIPP
Das letzte Radler vor der Dunkelheit

Die Aufgabe: einmal auf dem *»SeeGang«* um den Überlinger See, von Konstanz nach Meersburg. Am Stück. Zu Fuß. In 24 Stunden. Ohne Übernachtung. Das geht, das haben Menschen schon gemacht. Die Idee dazu hatten die Naturfreunde von »Original Landreisen«, Spezialisten für Bodensee-Erlebnisse. Ein paarmal hatten sie die 24-Stunden-Wanderung für Gruppen angeboten, aktuell ist sie nicht im Programm. Den »SeeGang« gibt's aber noch immer. Also (leichten!) Rucksack packen, Stiefel schnüren und los.

Die Tour startet in Konstanz, führt zunächst ein Stück am Wasser entlang, vorbei an der Mainau und erklimmt den Bodanrück. Das macht man guten Mutes, noch fühlt sich das alles an wie eine normale Wanderung. Das Abendessen bestellst du im *»Hof Höfen«* mit seinem traumhaften Biergarten mitten im Wald. Stärke dich gut, die Nacht wird lang. Beim Weiterwandern ist es bereits dunkel, bald hörst du ein Schnauben am Wegesrand. Eine Bisonherde grast dort, gut eingezäunt, zum Glück. Gegen Mitternacht kletterst du auf die Ruine Altbodman, ein ruhiger schauriger Moment.

Zurück ans Ufer gelangen die Nachtwanderer in Bodman, still liegen das Stockacher Ach, der See und das Naturschutzgebiet im Dunkeln. Gibt es noch andere Menschen? Nicht in Ludwigshafen, auf der Promenade von Sipplingen und auf dem Weg nach Überlingen. Irgendwann setzt man einfach nur noch stur einen Fuß vor den anderen. Ein neuer Tag kurz vor Überlingen, die Sonne gibt Kraft, heißer Kaffee aus einer Bäckerei – der Weg zur Fähre in Meersburg über Birnau und die Pfahlbauten ist fast schon ein Kinderspiel. Am Ende sind 66 km geschafft! Was für ein Hochgefühl!

18 **»SeeGang« • Original Landreisen • original-landreisen.de**

19 **Hof Höfen • Hof Höfen 1, 78476 Allensbach • familie-rommel.com/hof-hoefen-biergarten-stube.html**

Wellenbad Ailingen
Wie der Pulli in der Waschmaschine

Der überraschende Beschuss kommt von der Seite. Wer mit den Wasserkanonen – offiziell tragen sie den leicht verharmlosenden Namen Wasserspeier – im *Wellenfreibad Ailingen* noch nicht vertraut ist, wird sich über die druckvolle Vertikaldusche ganz schön wundern. Den Badegast trifft ein vorgewärmter Strahl, wie überall im Becken herrschen mindestens 26° C. Sehr angenehm. Überhaupt haben sich die Spaßdesigner in Ailingen einiges einfallen lassen, u. a. verwandelt sich das zentrale Becken halbstündlich in ein Wellenmeer. Ganz schöne Brecher türmen sich da auf und bringen selbst standhafte Badegäste ins Taumeln. Andere springen darüber hinweg, tauchen darunter hindurch, nur um von der nächsten Welle mitgerissen zu werden. So muss sich ein Pulli in der Waschmaschine fühlen! Klar, dass sich dieses Alleinstellungsmerkmal auch im Namen des Bads nördlich von Friedrichshafen spiegelt.

← Alles da im (beheizten!) Bad: Warmes Becken, grüne Liegewiese und …

← … spaßige Riesenwasserrutsche

Darüber hinaus ist es ein Paradies für Familien. Das Planschbecken bekam gleich noch ein Bachlauf-Upgrade, nebenan breitet sich ein riesiger Sandkasten mit Matschfunktion aus. Prickelnd wird's im Sprudelbad, im Strömungskanal kann man lustig gegen den Strom anschwimmen, die Röhrenrutsche kreiselt euch in einen leichten Drehwurm. Arschbomben: Ein Ein- und ein Drei-Meter-Brett lassen bitten. Eltern, die eine Liege unter den eleganten weißen Sonnenschirmen direkt am Beckenrand ergattern, haben ihre Nachwuchsschwimmer immer gut im Blick. Für die große Liegewiese dahinter solltet ihr einen eigenen Schirm im Gepäck haben, falls ihr nicht zu den Inbrünstigsten unter den Sonnenanbetern zählt. An manchen Stellen ist Baumschatten nämlich eher Mangelware.

20 **Wellenfreibad Ailingen • Leonie-Fürst-Str. 4, 88048 Friedrichshafen-Ailingen • bäder.friedrichshafen.de**

Köpper oder Arschbombe Drei Länder, drei Sprungtürme

→ **Abgesprungen – vom Spezialsprungturm im traditionsreichen Mili Bregenz**

→ **Das Freibad Arbon hat nicht nur seinen hohen Sprungturm zu bieten, sondern auch eine Riesenrutsche**

In Arbon tut ein Fehlversuch, je nach Körperteil, das zuerst die Wasseroberfläche berührt, sehr, sehr weh. Der Zehnmeter-Sprungturm im *Schwimmbad Arbon* verzeiht nämlich keine unkontrollierte Landung. Ok, muss ja nicht gleich ein Köpper sein, eine Arschbombe könnte auch unangenehme Nebenwirkungen mit sich bringen, für den Anfang empfiehlt sich daher eine stocksteife Kerze, der Klassiker mit zugehaltener Nase. Ein weiteres Problem: Ans Springerbecken grenzt eine kleine Tribüne. Auf drei breiten Stufen – für Sonnenanbeter gedacht – nehmen nur allzu gern auch sensationslüsterne Schmerztouristen Platz. Die kriegen gelegentlich aber genauso wahre Könner (Kunstspringer) zu sehen.

Ein Springerparadies ebenfalls mit ordentlich Zuschauern ist das *Mili Bregenz*. Wie eine kleine Zunge leckt aus der hölzernen, u-förmigen Badeanstalt ein Sprungbrett nach dem Wasser, von dem die Effektspringer gediegen ins Seewasser federn. Die Fallhöhe aus dem Hochparterre liegt irgendwo knapp unter 2 m, ein Bauchplatscher wird da schon unschön. Eine gelungene Arschbombe hingegen kann hier eine prachtvolle Wirkung entfalten.

Ebenso wie im *Strandbad Ludwigshafen*. Vom Strand müssen die Springer durchs Wasser kraulen, um die Sprungplattform im Überlinger See zu erreichen. Aus dem Wasser führt eine ca. 3 m hohe Leiter hinauf. Runter geht's auf der anderen Seite im freien Fall.

21 **Schwimmbad Arbon • Wassergasse 6, 9325 Arbon, Schweiz • schwimmbad-arbon.ch**

22 **Mili Bregenz • Reichsstr., 6900 Bregenz, Österreich • stadtwerke-bregenz.at/baederanlagen/mili-bregenz/**

23 **Strandbad Ludwigshafen • Seehalde 6, 78351 Bodman-Ludwigshafen • strandbad-ludwigshafen.de**

F.T.P

Vorarlberger Skateparks Boarden in und um Bregenz

Skater ist man. Oder eben nicht. Das zeigt sich spätestens dann, wenn man auf einem Brett durch die Pools und über Rampen rollt. Wer kein Skater ist, guckt zu – und staunt. Was die Mädels und Jungs im großen *Skatepark Hard* westlich von Bregenz mit ihren Skateboards und Surfskates so alles anstellen, sieht wahnsinnig easy aus. Als klebe das Sportgerät an den Sohlen ihrer »Vans«. Aber nach allem, was man dort am Beckenrand so an Fachsimpeleien mitbekommt, handelt es sich um harte Arbeit. Der Hard-Park ist dafür wie geschaffen: eine riesige mehrteilige »Poollandschaft« sowie ein Einzelpool, unterschiedlich steile Rampen, Rails und Hindernisse, da können die Könner glänzen und die Einsteiger sich ordentlich was abgucken (und selbst am Handling feilen). Das alles direkt am Seeufer. Auto einfach am Parkplatz in der Seestraße abstellen, der Skatepark befindet sich hinter der Sportanlage.

Zentral zwischen Seebühne und Bregenzer Innenstadt findet ihr einen weiteren Skatepark, schön umstanden von hohen Bäumen. Mit den zahlreichen Rampen, Hindernissen und Rails kommt ein etwas großzügigeres Pool-Gefühl auf, der Platz geht vielleicht ein wenig mehr in die Breite, auch Anfänger sieht man hier auf dem *Bregenz Skatepark* begeistert die ersten Meter auf Rollen machen. Nett: Zuschauer treffen eine kleine Tribüne und Bänke an, um den Battles, die hier regelmäßig über die Bühne gehen, genüsslich folgen zu können. Oder um den kleinen und großen Experten zu lauschen, die sich über die Tricks und Pannen ihrer Sportkameraden austauschen.

← Runter, rauf: Der Bregenz Skatepark ist ein perfekter Übungsplatz für Anfänger und Profis

24 **Skatepark Hard • Seeweg 34, 6971 Hard, Österreich**

25 **Bregenz Skatepark • Badgässle, 6900 Bregenz, Österreich**

Ruckzuck auf der Piste Schifahren in Seenähe

→ In weiße Schneepracht gehüllt und nahe des Sees: das Familienskigebiet Bödele

In Vorarlberg wird schigefahren, ganz egal, was die deutsche Rechtschreibung dazu sagt. Und das ziemlich nah: Die Seebewohner am österreichischen Ufer, z. B. in Bregenz, genießen den Luxus, in weniger als einer halben Stunde am Lift zu sein. Freie Straßen vorausgesetzt. Gewissermaßen den Übergang vom Rheintal in den Bregenzerwald bildet das *Familienskigebiet Bödele* oberhalb von Dornbirn – ein herrliches Skigebiet rund um den 1467 m hohen Hochälpelekopf. Ein Schlepplift zieht die Schifahrer und Snowboarder sogar bis ganz hinauf, dort oben liegen ihnen dann Pisten und Tal zu Füßen. Das sportliche Angebot kann sich sehen lassen: Neun Lifte und eine Sesselbahn erschließen gut 23 Pistenkilometer. Die meisten Abfahrten sind familienfreundlich blau, dazwischen schlängeln sich ein paar rote Kilometer hindurch. Und drüben beim Lanklift gibt's sogar zwei schwarze Abschnitte. Das alles so weitläufig und abwechslungsreich, mal offene Pisten, mal am Wald entlang, dass man sein Schiglück manchmal kaum fassen kann: heute morgen erst noch am See, jetzt auf der Piste! Und mittendrin ein paar zünftige Jausentempel für die Einkehr.

Noch näher am Wasser liegen die zwei Lifte des kleinen Skigebiets in Alberschwende, aus Bregenzer Sicht sozusagen das Tor zum Bregenzerwald. Hier stehst du in weniger als 20 Minuten bei den *Liftbetrieben Alberschwende* – klein, aber fein lautet hier das schisportliche Motto. Da reicht schon ein halber Tag für eine große Portion winterfrischer Luft, die sich schon mal anfühlt wie ein kleiner Urlaub. Günstige Punkte- und Familienkarten!

26 **Familienskigebiet Bödele • Weißtanne, 6867 Schwarzenberg, Österreich • boedele.info**

27 **Liftbetriebe Alberschwende • Bühel, 6861 Alberschwende, Österreich • alberschwende.at/Tourismus/Liftbetriebe**

Gestresst? Dann tief durchatmen, Ommm, die entspanntesten Auszeiten liegen gleich hier um die Ecke. In historischen Badeanstalten, beim Vogelkonzert, auf grünen Wanderungen. Hier findest du ganz schnell wieder zur eigenen Mitte.

Die ruhigen Ecken

Entspannen von minimalistisch bis luxuriös

Swingolf Bodensee
Ins Grüne mit Schwung

→ **Golf in lässig: In der grünen Anlage von Bodensee Swingolf schwingst du formlos (aber mit Spaß) den Schläger**

Damit das gleich klar ist: »Golf für alle« steht auf dem Schild am Eingang der Anlage von Familie Kotte. Sie liegt in Deggenhausertal am Hang, in der Ferne sieht man den Bodensee glitzern. Das bedeutet: Keine Platzreife, keine Clubmitgliedschaft erforderlich! Ein gepflegter Sport ist es trotzdem, den frittenfettigen Muff mancher Minigolfplätze schnupperst du hier beim *Bodensee Swingolf* nicht. Stattdessen breiten sich zwölf weitläufige Bahnen aus, der Rasen leuchtet in sattem Grün und ist perfekt getrimmt. Mittendrin wehen rote Fähnchen auf eigens ausgemähten Greens. An ihrem Fuß jeweils ein großes Loch, wer weniger als Schuhgröße 43 hat, sollte aufpassen, dass er nicht hineinfällt. Noch so ein Unterschied zwischen Golf und Swingolf: Das Loch am Ende einer jeden Bahn ist deutlich größer, man trifft es rascher.

Von ganz allein aber auch nicht. Man muss erstmal ausprobieren, wie weit der Schläger den Ball über die Bahnen jagt, auch beim Swingolf spielt der richtige Schwung eine große Rolle. Wenigstens fällt die Schlägerwahl weg, der kantige Klotz am Ende des Schlägers ist allen Herausforderungen gewachsen – vom kräftigen Abschlag bis zum Putten auf dem Grün. Das macht Spaß! Während du von Bahn zu Bahn versuchst, den Ball mit möglichst wenigen Schlägen aufs entfernte Grün zu treiben, spazierst du über die adrette Anlage. Lange Reihen aus Apfelbäumen trennen die Bahnen voneinander, die Aussicht ist einfach grandios. In der einen Richtung liegt der Bodensee, in der anderen entdeckst du Schloss Heiligenberg auf den Höhen des Linzgaus. Und natürlich gibt's auch ein schickes Clubhaus samt großer Sonnenterrasse und schattigem Biergarten. Dort werden Seelen verkauft – sehr lecker –, aber auch Flammkuchen und Wurstsalat.

1 Bodensee Swingolf • Wendlingen 31, 88693 Deggenhausertal • swingolf-online.de

Jeder Zentimeter zählt
Dass sich mit zunehmender Höhe die Pflanzenwelt ändert, können wir
bei jeder Wanderung in den Alpen beobachten. Hier am Untersee ist das
extrem: Wegen großen Wasserstandsschwankungen zählt für eine Pflanze
buchstäblich jeder Zentimeter an Geländehöhe. Dies führt zu einer großen
von Pflanzen und Tieren auf kleinem Raum. Ob am Ufer Gebüsch
blühen oder ob der Teichrohrsänger das Nest baut

Abends auf die Mettnau Zum Konzert der Teichrohrsänger

Am Abend, kurz vor Sonnenuntergang, bist du auf der Mettnau nie allein. Im grünen Tunnel, der vom Strandbad Richtung Turm durch das Naturschutzgebiet führt, hörst du zunächst nur die Vögel, die in dieser Stunde zu ihrem Spektakel ansetzen. Ihre Flügel schlagen im Wasser, unzählige Schnäbel palavern wild durcheinander. Es klingt aufgeregt, wie auf einem großen Vogelkongress über alle Arten hinweg, auf dem die unterschiedlichen Parteien durcheinander schnattern. Nach etwa zehn Minuten Fußmarsch erreichst du den *Mettnauturm*. Unvermittelt steht er plötzlich vor dir, den hast du nicht kommen sehen. Also hoch!

← Beste Sicht – begleitet vom Vogelgezwitscher – hat man vom Mettnauturm

Die alte Holzkonstruktion schwankt ein wenig, während du sie Stufe für Stufe erklimmst. Oben ruht die Aussichtsplattform über den Dingen, in diesem Fall über den Wipfeln. Warst du unten noch im grünen Tunnel gefangen, lässt dich der Blick hier oben tief durchatmen – Weite. Die Sicht reicht über die Wiesen, über Schilfröhricht, Wald und Wasser, dort hinten in der Ferne ragen die Hegau-Vulkane auf, auf der anderen Seite ist die Reichenau-Spitze zu erkennen. Warm streicht das Licht der tief stehenden Sonne über die Landschaft. Und nun siehst du auch, was du hörst, eine kleine Tafel auf dem Turm stellt dir die Einheimischen vor: Kiebitz und Rohrammer, Teichrohrsänger und Haubentaucher, ein großer Graureiher ist nicht zu übersehen. Profis auf dem Turm erkennt man am Fernglas oder an einem Spektiv, das sie bei sich haben, um den Vögeln ringsum besonders nahe zu kommen. Dass sich die Zeit deiner Einsamkeit oben auf dem Turm ihrem Ende nähert, kündigt sich mit einem Beben an. Abermals gerät die ganze Holzkonstruktion in Bewegung, sobald sich von unten jemand nähert. Manches heimliche Liebespaar war diesem »Alarm« schon sehr dankbar.

2 **Mettnauturm • Floerickeweg, 78315 Radolfzell**

Ferne Wellnesswelten
Tiefenentspannung für einen Tag

→ **Für entrückte Stunden eignet sich das »Pooldeck« des RIVA Konstanz**

→ **Bora HotSpa-Resort: Im Ruheraum erholst du dich von der Tiefenentspannung**

Japan liegt zwischen dem Haupthaus des *Bora HotSpaResort* in Radolfzell und dem Seeufer. Dort haben Wohlfühlexperten des Wellnesshotels eine kleine japanische Therme nachgebaut, ein Onsen-Bad. Übersetzt bedeutet Onsen soviel wie Quelle, es bezeichnet aber auch ein Bad. In Radolfzell umfließt dich in den fernöstlichen Becken bis zu 40° C warmes Wasser. Am Beckenrand wächst japanischer Ahorn, der Wasserdampf kräuselt sich in den Himmel, fast schon schwerelos lässt du dich treiben. Um die Entspannung auf die Spitze zu treiben, erwarten dich im Onsen-Bad zusätzlich eine Bambussauna und eine 65° C heiße Salzgrotte, in der salzhaltiges Solewasser eine riesige Reisigbürste runterrieselt – ein Klima wie am Meer. Ein weiterer Pluspunkt: die große Liegewiese am See, zudem ist das Bora-Onsen für Tagesgäste buchbar.

INSIDER-TIPP
Erleuchtung für die Wellnessjünger

Nur für Tagesgäste wurde das *Buddha Spa* designt, das versteckt am Stadtrand von St. Gallen liegt. Drinnen eröffnet sich dir ein geheimnisvoll illuminierter Zen-Tempel aus Naturstein, plätscherndem Wasser und wohliger Wärme. Auf die Relaxreise schicken dich Pools, Saunen, ein Kneipp-Becken und Regenduschen.

Apropos Fernreisen: Wie auf einem Ozeandampfer präsentiert sich das »Pooldeck« des *RIVA Konstanz*. Das beheizte Becken befindet sich auf dem Dach des Fünf-Sterne-Hotels, in Richtung See gruppieren sich die Sonnenliegen. Der Rest der Welt wirkt weit weg. Zugang zum Pool erhältst du mit einem Day-Spa-Ticket.

3 **Bora HotSpaResort • Karl-Wolf-Str. 35, 78315 Radolfzell • bora-hotsparesort.de**

4 **Buddha Spa • Huebstr. 16, 9011 St. Gallen, Schweiz • buddha-spa.ch**

5 **RIVA Konstanz • Seestr. 25, 78464 Konstanz • hotel-riva.de**

Platz ist in der kleinsten Hütte Übernachten im Tiny House

In »Tiny Houses« besteht nicht die Gefahr, dass man sich verläuft. Übersetzt bedeutet die Bezeichnung so viel wie »ziemlich kleine Häuser«. Dahinter steckt die Idee, dass man fürs Wohnen eigentlich nicht viel Fläche benötigt und es trotzdem sehr gemütlich haben kann. Auf einen auch ökologisch minimalen Fußabdruck setzt das weitgehend autarke »Tiny House«-Konzept von Regula Senn und Bernhard Liepelt in ihrem *Logis Freyja*, das sie in Scherzingen an Feriengäste vermieten. Den Strom für das Zwei-Personen-Häuschen liefert die Solaranlage auf dem Dach, Wärme spendet ein Holzofen, das Abwasser wird aufbereitet und der Espresso tröpfelt aus der Maschine eines Züricher Öko-Start-ups. Spektakulär ist das Lichtdesign: 36 dimmbare Mini-LEDs sorgen nicht nur für die jederzeit passende Beleuchtung, sondern verbrauchen dabei auch kaum Strom.

← Hübsch von innen und außen: Logis Freyja

Wie »Freyja« zu ihrem Namen kam: »Sie ist die Göttin des Frühlings, der Liebe und des Glücks, alles sehr positiv besetzte Werte«, erklärt Bernhard Liepelt. So präsentiert sie sich auf ihren nur 33 m² offen und geräumig, den Promiplatz hat in dem lichtdurchfluteten Raum das breite Doppelbett ergattert. Besonders romantisch: die Abendstunden unter der Decke mit Blick auf den Ofen, in dem behaglich ein Feuer knistert. Dabei liegt ihr auf einer superbequemen Boxspring-Matratze, deren Innenleben umweltfreundlich statt aus Metallfedern aus gedrechselten Buchenholzfedern besteht. Küchenzeile, Essecke und Bad mit Dusche sind ebenfalls vorhanden. Sowie eine schattige kleine Holzterrasse direkt vor der Tür. Dort beginnt dann ein weiterer Tag am See (zu Fuß in wenigen Minuten zu erreichen) bei einem köstlichen Frühstück …

INSIDER-TIPP
Come on, Baby, light my fire!

6 **Logis Freyja • Dorfstr. 25, 8596 Scherzingen, Schweiz • mein-wohnwagon.ch**

Doppelt spitze SUP-Tour von der Mettnau auf die Reichenau

→ **Ziel des SUP-Ausflugs: die Reichenau**

→ **Nur mit der Ruhe: Gemächlich paddelt man übers Wasser**

Die Wasserwanderung beginnt im *Strandbad Mettnau.* Falls du kein eigenes Stehpaddelbrett für diese SUP-Tour hast, kannst du dir im Strandbad an schönen Tagen ein Board leihen. Erkundige dich aber vorher, ob der Verleih geöffnet hat. Außerdem: Sonnenschutz ist wichtig, auch eine Tasche für Wasser und Proviant, die du vorn aufs Brett schnallst. Dann ab auf den See! Die Navigation ist eigentlich einfach, zunächst immer am Ufer entlang, Kurs halten auf die Mettnau-Spitze und die Liebesinsel. Linkerhand, also an Backbord, gleiten die grünen Buchten des Naturschutzgebiets vorbei. An den Sommerwochenenden kann dieser Abschnitt schon mal eine Slalomfahrt werden, da hier gerne Skipper mit ihren Booten für ein Sonnenbad ankern. Dann gleitest du an der Liebesinsel vorbei, doch leider heißt's dort »Betreten verboten«.

Sobald du die Mettnau-Spitze passiert hast, befindest du dich auf dem offenen See, hier bietet dir kein Ufer mehr Halt. Doch keine Sorge: Peil' einfach die Spitze der Reichenau mit den Türmen von St. Peter und Paul an, die immer näher rücken. Das ist nun ein herrliches Stück Einsamkeit. Ringsum nur Wasser, das leicht ans Brett platscht. An Steuerbord hast du die Höri, in der Ferne das Schweizer Ufer. Wenn du Pech hast, rauscht ein Motorboot vorbei und verwandelt die sanfte Tour in einen kleinen Wellenritt. Nach einer guten Paddelstunde erreichst du die Reichenau und lässt die Spitze rechts liegen. Unterhalb von Schloss Windegg gehst du an Land. Über den kurzen Fußweg gelangst du zu *Georg's Fischerhütte*, wo du dich stärkst ... bevor es auf demselben Weg zurück geht.

INSIDER-TIPP
Auf die Landung einen Frischfisch!

7 **Strandbad Mettnau • Strandbadstr. 100, 78315 Radolfzell • radolfzell-tourismus.de/attraktion/strandbad-mettnau**

8 **Georg's Fischerhütte • Fischergasse 5, 78479 Reichenau • georgs-fischerhuette-reichenau.de**

Kunst, Café & Traumblick Im Teehäuschen auf der Reichenau

Den höchsten Punkt der Reichenau schmückt kein Gipfelkreuz, sondern ein Teehäuschen aus dem Biedermeier, gebaut im Jahr 1833. Dass ihr dort auch heute etwas Warmes serviert bekommt, verdankt die Hochwart, so heißt dieser malerische Ort, der Keramikerin Juliane Epp. Als sie vor rund 40 Jahren auf die Insel zog, nutzte sie das Teehäuschen zunächst als Atelier und stellte dort ihre Arbeiten aus. Irgendwann fragten ihre kunstbegeisterten Besucher dann nach einer Tasse Kaffee, woraufhin sie beschloss, dass sich neben dem Kunst- auch der Cafégenuss gut macht. Seitdem bereitet sie in ihrer Mini-Küche nicht nur Heißgetränke zu, sondern backt auch – z. B. feine Obstkuchen je nach Saison. Für die »Gipfeltour« könnt ihr euch außerdem mit ihrem überhaupt nicht unberühmten Eiskaffee belohnen. Sobald es draußen warm genug ist, stellt die Hausherrin ein paar Tische und Sonnenschirme auf die Wiese. Wer dort ein Plätzchen ergattert, genießt eine der schönsten Aussichten, die die Insel zu bieten hat – über die Reben ringsum, die Obstplantagen und den See.

Drinnen, inmitten der Ausstellung, stehen weitere Cafétische, selbst über dem Bodensee lacht ja nicht immer die Sonne. Was Juliane Epp mit ihren keramischen Arbeiten ausgleicht, einige ihrer Tassen, Teller und Krüge zieren bunte Blumen- und Blütenmotive. Selbstverständlich kann das alles gekauft werden. Ebenso wie die Arbeiten befreundeter Künstler und Handwerker, die sie auch noch in der *Werkgalerie Hochwart* ausstellt. Sie reichen von Mode über Wohn-Accessoires bis zu Kunstwerken aus Leder, Glas, Silber und Papier.

← Auf der Wiese vor dem Teehäuschen trinkt man einen Eiskaffee und …

← … genießt die grandiose Aussicht

9 Werkgalerie Hochwart • Reutegasse 2, 78479 Reichenau • werkgaleriehochwart.de

Baden im Blütenmeer
Ausflug ins Eriskircher Ried

Soviel vorab: Bei diesem Ausflug nach Eriskirch dürfen Badesachen und – falls vorhanden – auch ein Fernglas nicht fehlen. Die klimafreundliche Anreise gelingt mit der Bahn – die Regionalbahn, die Friedrichshafen mit Lindau verbindet, hält auch in Eriskirch. Und am Bahnhof bist du auch schon mittendrin. Er beherbergt das *Naturschutzzentrum Eriskirch* mit seiner Ausstellung über das sich unmittelbar dahinter ausbreitende Ried. Dort erfährst du u. a., dass das Biotop fast 300 verschiedene Vogelarten sowie seltene Pflanzen und Insekten beheimatet. Fast schon eine Berühmtheit ist die Iris. Wenn sie Ende Mai blüht, verwandelt sie die ganze Gegend in ein Meer aus blau-lila Blüten. Als Wanderer oder Radfahrer bist du hier dann allerdings nicht unbedingt allein unterwegs.

↓ Blütenmeer im Eriskircher Ried

↓ Hier fühlt sich auch die Sibirische Schwertlilie wohl

Raus aus dem Bahnhof hältst du dich erstmal in Richtung Norden auf der Seestraße und überquerst die Gleise am unübersehbaren Kaufland. Kurz dahinter verbirgt sich hinter dem Wäldchen der »Kunstspielplatz Schussen-Piraten«. Die eigenwilligen Objekte bilden von der Schatzkiste über Fernrohr und Papagei bis zur Flaschenpost alles ab, was das Piratenherz höherschlagen lässt. Zugegebenermaßen ist aber auch ein bisschen Fantasie gefragt, um hier in ein Freibeuter-Abenteuer einzutauchen. Zurück auf dem Weg hältst du dich rechts und gelangst in knapp zehn Minuten zur Aussichtsplattform. Hier leistet dir nun das Fernglas gute Dienste. Entdeckst du einen Vogel im Schilf? Der Blick gleitet übers Ried auf den See. Keine halbe Stunde wanderst du schließlich von dort in südlicher Richtung bis zum *Strandbad Eriskirch* mit seinen großen Liegewiesen unter Bäumen, Schwimmbecken samt Röhrenrutsche und dem Kiesstrand direkt am Seeufer.

10 **Naturschutzzentrum Eriskirch • Bahnhofstr. 24, 88097 Eriskirch • naz-eriskirch.de**

11 **Strandbad Eriskirch • Strandbad 1, 88097 Eriskirch • webapp.eriskirch.de**

Wellness im Nostalgie-Style Die Bretter, die das Bad bedeuten

Das Holz der *Badhütte Rorschach* atmet Geschichte. Wie eine Zeitreise auf Pfählen fühlt sich der Besuch in der historischen Badeanstalt in Rorschach an. Denn auf solchen steht das Kleinod der Bodensee-Badekultur seit 1924 vor dem Seeufer im Wasser. Kein Vergleich mit den modernen Badetempeln und Erlebnisthermen entlang des Ufers. Stattdessen schreitet man ehrfurchtsvoll über alte Dielen, die schon etliche barfüßige Generationen vor uns getragen haben, kleidet sich hinter betagten Türen um, legt sein Badetuch auf einer der Holzterrassen aus und lässt sich huldvoll braten. Für die erste Abkühlung befindet sich in der Mitte des rechteckig angelegten Bades ein übersichtlicher Nichtschwimmerbereich, über Treppen und Sprungbretter geht's auf der anderen Seite direkt in den See. Darin liegen nur ein paar Schwimmzüge entfernt hölzerne Inseln vor Anker – noch mehr sonnenwarme Planken, um sich in aller Ruhe darauf auszustrecken. Unter dem Motto »Kultur rund um die Kabinen« finden regelmäßig z. B. Dichterlesungen im Bad statt. Ein ganz besonders stimmungsvolles Erlebnis, das die feine Anstaltsgastro kulinarisch begleitet.

Ähnlichen Kultstatus genießt das *Aeschacher Bad* vor Lindau. Der frühlingsgrüne Pfahlbau ist sogar 13 Jahre älter als die Badhütte in Rorschach und stammt somit noch aus der Kaiserzeit. Als die ersten Badegäste hier Erfrischung suchten, trugen sie Badehosen im Design geringelter Strampelanzüge. Um ins Seewasser zu tauchen, steigt man wie damals fast schon erhaben eine von zwei Holztreppen herab. Darüber breiten sich auf zwei Etagen die »Liegeroste« für stilvolle Sonnenbäder wie anno dazumal aus.

← Schwimmbäder der besonderen Art: die Badhütte Rorschach (oben) und das Aeschacher Bad (unten)

INSIDER-TIPP
Let's have a Dichter-Deep-Dive

12 Badhütte Rorschach • Thurgauerstr. 26, 9400 Rorschach, Schweiz • badhuette.ch

13 Aeschacher Bad • Lotzbeckweg 3, 88131 Lindau • lindau.de/adressen/aeschacher-bad/

Camping in Litzelstetten Verwöhnprogramm am Wasser

→ **Ob entspannt auf oder …**

→ **… am Wasser – auf dem Naturcampingplatz Litzelstetten-Mainau lässt man es sich nach Herzenslust gut gehen**

Was für ein Morgen, wenn der Tag direkt am Strand beginnt. Ssssst, Zelttür auf, schon hast du das Wasser vor der Tür, sanft schwappt es auf einen Streifen Kiesstrand. Der erste Blick gleitet übers Wasser, streift die Mainau und verliert sich am gegenüberliegenden Ufer irgendwo zwischen Birnau und Meersburg. Das geht! Denn auf dem *Naturcampingplatz Litzelstetten-Mainau* im gleichnamigen Ort, nur wenige Fußminuten von der Insel Mainau weg, darf man seine Zelte direkt am Wasser aufschlagen. Ein seltenes Privileg, die Campingbusse müssen auf den terrassierten Stellplätzen weiter oben parken, Dauercamper gibt's hier gar nicht.

Stattdessen ein entschleunigtes Verwöhnprogramm. Im ersten Stock des nagelneuen schicken Haupthauses holst du dir (nach Vorbestellung) frische Brötchen, falls dein Gaskocher streikt, bekommst du gleich einen leckeren Cappuccino. Ansonsten aber auch. Und dann ab an den Strand! Wer sein Paddelbrett dabei hat, gleitet zwischen Strand und Mainau durch eine ruhige Bucht. Weil hier kein Linienverkehr durchschippert, ist sie am Wochenende ein beliebter Ankerplatz für einheimische Skipper. Zur Mittagszeit servieren sie im Haupthaus ein paar warme Snacks, der große Balkon spendet Schatten und Seesicht. Ach, so lässt es sich aushalten! Man sieht auch etliche Camper mit Rädern, was daran liegt, dass der Platz direkt an einem Fahrradweg liegt, auf dem man ruckzuck in Konstanz ist. Aber auch die Bushaltestelle ist nicht weit. Ebenso wie der sensationelle Hawaiianer *Ko'Ono* fürs Abendessen mitten im Ort, zu Fuß nur ein paar Minuten entfernt.

INSIDER-TIPP
Cocktails und Aloha-Barbecue

14 **Naturcampingplatz Litzelstetten-Mainau • Großherzog-Friedrichstr. 43, 78465 Konstanz-Litzelstetten • naturcamping-mainau.de**

15 **Restaurant Ko'Ono • Martin-Schleyer-Str. 19, 78465 Konstanz-Litzelstetten • koono.de**

VELVET

PLANETARIUM
UND STERNWARTE
LKOMMEN
ARIUM
WARTE
IM WELTALL
AGE
bodensee-planetarium.ch

Bodensee Planetarium
Schwerelos durch die Nacht

In Bernrain, einem Stadtteil von Kreuzlingen, er liegt schon etwas oberhalb des Seeufers, sieht man den Saturn. Ja, den Planeten. Mit eigenen Augen! Denn wenn sich die Kuppel der Sternwarte des *Bodensee Planetariums* öffnet, kannst du einen Blick durch das Teleskop werfen und der ferne Gasriese erscheint mit seinen eindrucksvollen Ringen plötzlich gestochen scharf und zum Greifen nah auf der Bildfläche. Allerdings braucht es für diesen Blick in die Ferne gutes Wetter, an wolkenverhangenen Abenden bleibt die Sternwarte geschlossen.

← Galaktische Welten zeigt dir die Kuppel des Bodensee Planetariums

← Kleine und große Besucher können hier noch was lernen!

Macht aber (fast) nix, denn im Haus befindet sich auch das Planetarium. Es holt den Sternenhimmel einfach herein. In der Mitte des kreisrunden Raums steht unter der großen Kuppel ein »Skymaster ZKP 3« von »Zeiss« – ein wahres Wunderwerk der Technik. Es versetzt den »Astronomischen Verein Kreuzlingen« (AVK), der das Planetarium betreibt, in die Lage, tausende Sterne zugleich an den künstlichen Himmel zu projizieren. Im Zeitraffer ziehen sie ihre Bahnen und vermitteln ein Gefühl für die schiere Unendlichkeit des Universums. Der Urknall, Dunkle Materie, ferne Galaxien, die Entstehung der Erde, Sternbilder, die Sonne oder die Geschichte der Astronomie sind Gegenstand der unterschiedlichen Shows, die der »Skymaster« beinahe geräuschlos in den Himmel wirft, begleitet von sphärischer Musik und der astronomischen Moderation des AVK. Als Zuschauer sitzt du gebannt und vollkommen relaxt in deinem Kinosessel, hineingesogen in die unendlichen Weiten von Zeit und Raum. Oder ist es schon Schwerelosigkeit? Und du wünschst dir: Lasst diese intergalaktische Reise bitte nie zu Ende gehen!

16 **Bodensee Planetarium • Breitenrainstr. 21, 8280 Kreuzlingen-Bernrain, Schweiz • bodensee-planetarium.ch**

Gipfelsturm im Bregenzerwald Aufstieg zur Kanisfluh

Leg mal in Mellau, etwa 40 Autominuten südöstlich von Bregenz, den Kopf in den Nacken und staune die Felswände rauf: Das ist die *Kanisfluh*, der vielleicht spektakulärste Kanten von einem Berg im gesamten Bregenzerwald. Scheinbar unbezwingbar türmen sich die Felsen von dort unten zu einer abweisenden Wand auf. Ist aber trotzdem machbar, sonst wärst du ja nicht hier. Allerdings ist das Waldbaden im Bregenzerwald oftmals eine vertikale Angelegenheit, 2044 m liegt der Kanisfluh-Gipfel hoch, Mellau selbst bei 700 m. Der Ort bietet seinen Wanderern einen freundlichen Service: Vor der Tourist-Info (Platz 292) stecken sommers lange hölzerne Wanderstöcke in einer Tonne, nimm dir einen mit, er macht das Wanderleben leichter!

← Eine atemberaubende Aussicht ist die Belohnung für …

← … die Wanderung bergauf

INSIDER-TIPP
Steighilfe als Gratis-Leihgabe

Die ersten Höhenmeter machst du ganz locker mit der Mellaubahn (mit der Gäste-Card kostenlos), die dich auf knapp 1400 m Höhe hievt, ab dort bist du dann auf dich selbst gestellt. Nimm den schmalen Weg hinter der Bergstation links hoch Richtung Kanisfluh. Der Weg führt dich durch einen lichten Bergwald ins stille Tal des Alpbachs, dessen malerischem Lauf du bis zur Abzweigung zur »Alpe Wurzach« folgst. Das Naturpanorama hier oben ist gigantisch, mächtige Felswände rahmen das grüne Hochtal ein, es geht über Brücken und seichte Furten. Die »Alpe Wurzach« erreichst du nach etwa einer Stunde Fußmarsch stramm bergauf. Lass dich bei den Wirtsleuten ruhig nieder und stärke dich für den Aufstieg: Hoch auf die Kanisfluh wird's jetzt sportlich, das zeichnet sich ab. Etwa eine weitere Stunde kämpfst du dich ihren südlichen Rücken hoch, bis dir am Ende der Bregenzerwald zu Füßen liegt. Der Kanten ist bezwungen!

17 **Kanisfluh • Mellaubahn, Hinterbündt 380, 6881 Mellau, Österreich • mellau.com**

Kleine Ketzerrunde

Auf den Spuren Jan Hus' durch Konstanz

→ **Im Hus-Haus soll Jan Hus nach seiner Ankunft im November 1414 gelebt und gepredigt haben**

Alle kennen Luther und Wittenberg, wo 1517 angeblich die Reformation begann. Dabei waren es Hus und Konstanz, die mehr als 100 Jahre vor Luther das Kirchenschiff bereits gehörig ins Wanken gebracht hatten. Der tschechische Geistliche Jan Hus hatte u. a. die Selbstherrlichkeit der Kirche, den Ablasshandel und die Reliquienverehrung angeprangert. Also musste er sich im Sommer 1415 vor dem König und den Kirchenfürsten aus ganz Europa im Dom – dem heutigen Münster – verteidigen. Vergeblich. Die Herren verurteilten den »Ketzer« zum Tode. Noch am selben Tag wurde er auf dem Scheiterhaufen vor den Toren der Stadt verbrannt, woraufhin in seiner tschechischen Heimat die »Hussitenkriege« ausbrachen – die europäischen Glaubenskriege waren entfesselt.

Bis heute gedenkt Konstanz Jan Hus. Die Tour zu den einzelnen Stätten seines Aufenthaltes misst keine 2 km. Sie startet vor dem *Hus-Haus* in der Hussenstraße. Dort soll der Geistliche gewohnt haben, das heutige Museum widmet sich seinem Leben und Werk. Von dort geht es über die Wessenbergstraße quer durch die Altstadt zum *Konstanzer Münster*. Hier nahm der Gang zum Schafott seinen Anfang. Hus wurde über die Wessenbergstraße zurück- und rechts in die Paradiesstraße geführt. Vor der Lutherkirche steht seit 2015 das Jan-Hus-Denkmal der Künstlerin Adela Kacabova: Flammen und Kelch, die Symbole des Reformators. Hinter der Kirche folgst du der Gottlieber Straße, bis du links in die Straße »Zum Hussenstein« abzweigst. An ihrem Ende liegt selbiger, im Gedenken an Jan Hus, der hier am 6. Juli 1415 im Feuer sein Leben ließ.

18 **Hus-Haus • Hussenstr. 64, 78462 Konstanz • konstanz.de**

19 **Konstanzer Münster • Münsterplatz 1, 78462 Konstanz • kath-konstanz.de/kirchen/muenster-unserer-lieben-frau/**

HUS-HAUS

Laurent-Perrier

Flanieren in Bregenz
Eine Retro-Promenadenmischung

Du kannst rochieren, putten, Karambolagen herbeiführen, Koloraturen lauschen, abtauchen, am Schampus nippen oder einfach nur die Füße in den Sand stecken. Und zwischendurch wunderbar flanieren, die *Bregenzer Seepromenade* ist wie geschaffen für eine gemächliche Bummelei. Nur die Augen haben es schwer, einen Halt zu finden – es gibt einfach zu viel zu sehen.

← Etwas Kühles trinken, Schach spielen, Leute beobachten – die Bregenzer Seepromenade lädt nicht nur zum Flanieren ein

Der Spaziergang beginnt am Segel-Club, wo man schon mal stehenbleibt, um den Skippern beim Klarmachen ihrer eleganten Schärenkreuzer zuzuschauen. Einige Meter weiter erreichst du das Strandbad, es fällt schwer, nicht doch ein Ticket zu kaufen, um ein Seebad zu nehmen, den langen Steg abzuschreiten oder bloß auf den weiten Liegewiesen abzuhängen. Das Sonnenlicht bricht sich in alten Bäumen. Ein paar Schritte weiter schmeckst du dann, dass diese Vorarlberger Promenadenmischung ein All-Inclusive-Paket ist, kulinarisch musst du dank Eiswagen, Imbissbuden und »Wirtshaus am See« nicht lange aufs Sättigungsgefühl warten. Imposant öffnet sich der Weg auf dem Festspielgelände, das auch dann noch beeindruckt, wenn die Seebühne gerade nicht bespielt wird. Selten unbespielt bleiben bei schönem Wetter die Schachfelder und -tische, an denen eigentlich immer ein paar Kombattanten mit rauchenden Köpfen zu finden sind. Das bunte Treiben ringsum kümmert sie wenig, eine rochierende Welt für sich. Was auch für den Minigolf-Platz samt Billardtischen gilt, über die Bahnen und Tische wölben sich jene Nachtspiel-Lampen, wie man sie aus den Italienurlauben in den Achtzigern kennt. Ein nostalgisch-mediterranes Retrokribbeln. Das Selfie mit der lebenden Statue nicht vergessen! Der Champagner auf dem Fischersteg, das Bier in der »Beach Bar« oder eine spontane Tretbootfahrt setzen der Bummelei schließlich die Krone auf.

20 **Bregenzer Seepromenade • Seeanlagen, 6900 Bregenz, Österreich**

Blütenzauber Bodenseegärten Grüne Reiche ganz privat

→ **Die weite Gartenwelt ums Napoleonschloss nimmt dich mit auf eine Reise durch die Gartenkultur**

→ **Ohne Anmeldung: Der traumhafte Privatgarten von Karin Böhler auf der Reichenau ist frei begehbar**

Die Parks und Gärten rund um den Bodensee gehören in ihrer Gesamtheit zu den schönsten der Welt. Nirgendwo sonst findet man so viele unterschiedliche Anlagen auf so engem Raum beieinander. Einerseits tragen dazu natürlich die großen Gartenpromis bei: die Prachtanlagen des Napoleonmuseums, die Mainau, Schloss Salem, die Gartenschauanlagen von Überlingen und Lindau sowie die Thurgauer Bauerngärten. Andererseits ganz besonders aber auch die unzähligen versteckten Privatgärten, denen ihre Besitzer eine liebevolle Pflege angedeihen lassen.

Eine der besten Gelegenheiten, auch diese kleinen Reiche zu entdecken, ist der *»Blütenzauber«* Anfang Juni. Für ihn öffnen die Gärtner buchstäblich die Pforten, bieten Führungen an und beantworten eure Fragen. So gaben schon Privatgärtner u. a. Auskunft über die Wildkräuter in ihrem Garten – Verkostung inklusive! –, andernorts verwandelte sich ein Garten in ein blühendes Atelier, in dem Malerinnen sich bei der Arbeit über die Schulter schauen ließen. Vielerorts bieten die Gastgeber zudem kleine Snacks von Suppen bis zu Kuchen an. Mit dem Teller in der Hand sucht ihr euch dann ein idyllisches Plätzchen unterm Rosenbogen, einem alten Baum oder zwischen dicht aufragenden Staudenbeeten und genießt einfach nur. Es summt, brummt und duftet in den *Bodenseegärten*, selten werden gleich alle Sinne auf einmal so opulent verwöhnt! In dem einen oder anderen kleinen Paradies spielen zusätzlich kleine Bands oder einzelne Musiker. Der Frühsommer ist als Jahreszeit perfekt für die offenen Gärten, gerade jetzt entfalten besonders viele Blüten ihren Zauber, nicht nur die allerorten so prächtigen Rosen.

21 **Blütenzauber • bodenseegaerten.eu • u. a. Napoleonmuseum Arenenberg, Arenenbergstr. 1, 8268 Salenstein, Schweiz, napoleonmuseum.tg.ch**

Hier ist was los, hier steppt der Bär. Und du: mittendrin. Stürz dich rein ins pralle Leben, in die urigsten Events, die stimmungsvollsten Konzerte, die angesagtesten Festivals. Man lebt schließlich nur einmal!

Das pralle Leben

In Feierlaune das ganze Jahr

Sandskulpturen-festival Rorschach
Helden für kurze Zeit

→ Sandburgen (& Co.) in XXL: Nur für ein paar Wochen ist die sandige Kunst zu bestaunen

Es standen schon ein rasierter Eisbär und eine gespaltene Madonna auf dem Siegertreppchen. Doch der Ruhm ist vergänglich, Mitte September kommt der Bagger und walzt die Kunst aus der Welt. Klingt dramatisch. Doch das ist der ganz normale Kreislauf aus Entstehen und Vergehen beim *Internationalen Sandskulpturenfestival* in Rorschach. Es beginnt jedes Jahr Mitte August mit mehreren Haufen auf der Arionwiese direkt am See. 18 Lastwagenfahrten sind nötig, um die 350 t Sand ans Ufer zu karren. Er muss besonders fein sein, weswegen sich die Künstler nicht einfach ein paar Schippen vom Bodenseestrand in die Eimerchen füllen können. Sie kommen aus aller Welt, um eine Woche lang an ihren Skulpturen zu arbeiten. Zwischen acht und zehn Teams waren in den letzten Jahren am Start, ihren Werken sieht man die Meisterschaft an. Mit Schaufeln in allen Größen, Pinseln, Messerchen, Sägen oder Spachteln gehen sie zu Werke, sprühen immer wieder Wasser auf die frisch gezogenen Kanten und Formen, im Lauf der Woche verwandeln sich die Sandhaufen in meterhohe Skulpturen. Inspiriert? Für alle Besucher wird ebenfalls ein großer Hügel aufgeschüttet, an dem ihr fröhlich rumgraben dürft.

INSIDER-TIPP
Buddeln am Laienhaufen

Am Ende der Woche werden die Sieger gekürt, es gibt einen Jury- und einen Publikumspreis. Doch die Carver, wie die Sandkünstler auch heißen, dürfen nicht einfach drauflosmodellieren, wie es ihnen gerade Spaß macht. Jedes Jahr steht unter einem anderen künstlerischen Motto. »Small world, tiny dreams«, »Werden wir Helden sein in der Welt von morgen?« oder »Survival of the fittest« prangten über den letzten Jahren. Es geht also auch um die künstlerische Auseinandersetzung mit dem Jahresmotto. Nach der Preisverleihung bleibt die sandige Ausstellung schließlich bis Mitte September zu besichtigen.

1 **Internationales Sandskulpturenfestival • Arionwiese, 9401 Rorschach, Schweiz • sandskulpturen.ch**

Lustfahrt mit Jazzantrieb »Dixieland« auf der »Hohentwiel«

Wenn sich die Band auf dem Sonnendeck mit den ersten Tönen in den Abend jazzt, versinkt irgendwo hinter den Appenzeller Bergen der glühende Stern. Gemächlich schiebt sich die »Hohentwiel« raus auf den See, angetrieben von ihren einzigartigen Schaufelrädern, der alten Dampfmaschine und »Dixies Treibhaus Ventil«. So heißt die sechsköpfige Band, die seit mehr als 20 Jahren den Sound für die legendären »Dixieland«-Rundfahrten auf dem historischen Schaufelraddampfer liefert. Bereits nach den ersten Nummern hält es nur noch die wenigsten Passagiere auf den blankpolierten Sitzbänken. Die Füße wippen auf den Planken, es wird geschwoft, die tief stehende Sonne hüllt das weiße Segel über dem Deck in ein zartes Rosa. Während die Musiker »What a wonderful World« anstimmen …

→ **Ein Hauch von alten glamourösen Zeiten: die »Dixieland«-Fahrt auf der historischen »Hohentwiel«**

Der Jazz und die »Hohentwiel«, diese musikalisch-nautische Kombination schwingt die Fahrgäste in eine ganz besondere Schleife von Raum und Zeit. In der Ferne glitzern die Lichter am Ufer wie eh und je, fast vergisst man, in welchem Jahrzehnt man sich gerade befindet. Der historische, über 100 Jahre alte Dampfer – dunkles Holz, frische Farbe und die auf Hochglanz polierten Messingaufbauten – vermittelt ein lebhaftes Gefühl von den Lustfahrten, wie sie die bessere Gesellschaft einst auf dem See unternommen hat. Die Authentizität reicht bis zum Heckwasser, das nicht etwa von einer Schraube aufgeschäumt wird, sondern eher einem breiten Feldweg gleicht, den die beiden Schaufelräder aufs Wasser glätten. Es wird dunkel über dem See, während sich die »Dixie«-Bläser in herrliche Eskalationen bei dieser *Historischen Schifffahrt* steigern, es ist der Klang der 20er, 30er und 40er. Dazu klimpern an Deck im schummrigen Schein der Laternen die Gläser, was für eine magische Nacht!

2 **Historische Schifffahrt Bodensee • Hafenstr. 15, 6971 Hard, Österreich • hs-bodensee.eu, dtv-jazz.de**

Weihnachtsmärkte Hafenfest und Märchenstadt

→ **Der Weihnachtsmann darf nicht fehlen, wenn …**

→ **… sich Stein am Rhein in die Märlistadt verwandelt**

INSIDER-TIPP
Fällt jedes Jahr ins Wasser

Glühweinduft und Weihnachtsklänge, Budenzauber im warmen Lichterglanz: Kurz vor dem vierten Advent verwandelt sich die Lindauer Altstadt in die »Weihnachtsinsel«. Das festliche Ambiente bereichert nicht nur das Weihnachtsshopping, sondern beinhaltet auch viele Ausstellungen. Im Bahnhof entsteht eine Modelleisenbahnwelt, in der Kirche St. Stephan am Marktplatz wird eine große Krippe aufgebaut, im Hafen liegt das »Weihnachtsschiff«: Die »Austria« gibt im funkelnden Festtagsgewand das Adventsshuttle rüber zu den Bregenzer Weihnachtsmärkten. Besonders die abendliche Einfahrt in den Lindauer Hafen erweist sich dabei als Highlight, denn dort findet die *Lindauer Hafenweihnacht* statt, ein stimmungsvoller Budenzauber am See. Frostiger Höhepunkt ist das Nikolausschwimmen, bei dem unerschrockene Schwimmer mit Nikolausmützen in den Hafen kraulen. Da muss man sich schon beim Zusehen mit einer Tasse Glühwein wärmen.

Auf der anderen Seite des Sees wird die malerische Altstadt von Stein am Rhein Anfang Dezember in die *Märlistadt*, die Märchenstadt, verzaubert. Immer wieder prägen neue Märchenfiguren das adventliche Motto, dem ihr euch im eigens eingerichteten Märlihus nähert. Der Markt hält mit Fondue und Raclette einige Schweizer Spezialitäten bereit, natürlich gibt's aber auch hier eine Tasse Glühwein. An einem der Adventswochenenden findet im Kloster St. Georgen ein Mittelaltermarkt mit historischen Handwerksvorführungen, Gerichten und Musikdarbietungen statt. Der Nikolaus kommt am 6. Dezember derweil nicht angeschwommen, sondern auf einem eigenen Boot über den Rhein.

3 **Lindauer Hafenweihnacht • Hafenplatz, 88131 Lindau • lindauer-hafenweihnacht.de**

4 **Märlistadt • Rathausplatz, 8260 Stein am Rhein, Schweiz • maerlistadt.ch**

carmagom
carmagom.com

HONDA

Bodensee-Fischwochen Große Bühne für Felchen & Co.

Im Restaurant »Hohentwiel« in Singen gab's ein Tatar von Räucherfischen auf Reibekuchen und Wasabischaum. Der »Grüne Baum« in Moos servierte eine Bodenseefischsuppe mit Sauce Rouille. Und im »Hirschen« in Gaienhofen-Horn kam ein Saibling mit Rieslingsauce, Spinat und Butternüdele auf den Teller. Die köstlichen Kreationen waren jeweils Teil eines Drei-Gänge-Menüs, das überall 31 Euro gekostet hat. Die Fischpreisbindung für die feinen Zubereitungen ist eines der Hauptmerkmale der *Bodensee-Fischwochen* am westlichen Teil des Sees – vom Hegau bis runter auf die Höri. Sie finden von Anfang September bis Anfang Oktober statt, weswegen mancher Koch die Seespezialitäten schon mit einer herbstlichen Kürbissuppe kombiniert. »Georg's Fischerhütte« auf der Reichenau hat sic z. B. mal mit hausgemachten Fischhaut-Chips knusperverstärkt.

Voraussetzung für die Teilnahme der einzelnen Häuser an der Aktion ist reiner Bodenseefisch. Bevorzugt also Felchen, Saiblinge, diverse Forellen, aber auch Hecht und Karpfen. Morgens noch im Wasser, mittags schon auf der kulinarischen Showbühne … Um den Fang kümmern sich die einheimischen Fischer von der Reichenau oder der Höri höchstpersönlich, jeder Gastgeber hat schon seit Jahren einen Frischfischdealer seines Vertrauens. Für die Küchenchefs wiederum ist es immer wieder auch ein bisschen Ehrensache, für das Event ein paar raffinierte Rezepte aus dem Kochjackenärmel zu schütteln. Schließlich bekommt ihr als Gäste nun, da ihr im Lauf der Fischwochen von Haus zu Haus ziehen könnt, einen direkten Vergleich. Doch es soll keine Küchenschlacht werden: Genießt einfach die Vielfalt der Seekreationen, die für euch in diesen Wochen gezaubert werden!

← Fischers Fritze und so weiter … Die Fischer am Untersee sorgen dafür, dass nur fangfrischer Bodenseefisch auf die Teller bei den Fischwochen kommt

5 **Bodensee-Fischwochen • bodenseewest.eu**

Von Winzer zu Winzer Weinfestival »Komm und See«

→ **Nicht nur Wein wird probiert – auch Weinbergführungen stehen beim Winzer-Festival auf dem Programm**

Bustür auf, Bustür zu, auf geht's zum nächsten Winzer! Getreu dem verkehrssicheren Credo »Don't drink and drive« verbindet ein Shuttle die weinreichen Stationen des *Winzer-Festivals »Komm und See«* in Lindau, Wasserburg und Nonnenhorn. Dort sind die Weingüter zuhause, die das zweitägige Genussfestival im Juli befeuern. Brennstoff sind ihre Weine, Musik und jede Menge gutes Essen. Ganz besonders aber die einzigartigen Locations, an denen die bayerischen Winzer und ihre Gäste den Genuss feiern. Das Weingut Hornstein am See hat in Nonnenhorn schon direkt am Wasser bestuhlt, bei Weinbau Brög sowie bei Janine und Claudius Haug – beide in Lindau – gab's zwischendurch muntere Weinbergführungen, andernorts sitzt ihr in den gemütlichen Gutshöfen.

Musik haben sie derweil alle: Das Programm reicht von Salsa über Zünftiges bis zu Rock, Jazz und Elektro. So wie jeder Winzer seinen eigenen Wein macht, so zeigt er bei der jeweiligen Bühnenshow seinen Musikgeschmack. Dass es in den Weingütern live zur Sache geht, versteht sich von selbst. Alles Handarbeit! Was auch für die Küchen gilt, mal tischen die Familien Burger vom Grill, mal feinen Fisch oder Dinnete auf. Oder sie reichen Regionales aus den »Rädle«-Küchen, so heißen die Straußen- bzw. Besenwirtschaften. Es wird geschlemmt, gelacht und getanzt, der Sommer zeigt sich unter dem Sternenhimmel von seiner schönsten Seite. Als Geselligkeitsbooster erweist sich freilich der Wein, den die Winzer ausschenken, der eigentliche Anlass dieser kleinen Genussrundreise. Das 0,1er-Glas wird euch in jedem Weingut zum selben Preis wieder aufgefüllt. Na dann mal auf zum Bus und weiter zur nächsten Haltestelle!

INSIDER-TIPP
Preisgarantie am Glas

6 **Winzer-Festival »Komm und See« • kommundsee.de • u. a. Weingut Janine und Claudius Haug, Kellereiweg 19, 88131 Lindau-Schönau**

Fasnacht am See

Seifenkisten, Pyromanen und Fische

Die Fasnacht verwandelt die Region in einen Hexenkessel – wozu auch die unzähligen Masken beitragen. Vors fast weltberühmte »Stockacher Narrengericht« werden jedes Jahr sogar Promis geschleift. Und was sich in Konstanz auf der »Gass« abspielt, zählt ebenfalls zu den legendären Brauchtümern. Nicht ganz so bekannt sind die Öhninger Beschleunigungen am Haldenacker. Diesen rollt der Fasnachtsnachwuchs der »Piraten vom Untersee« am närrischen Sonntag in selbstgebauten Seifenkisten herunter. Man hat so beim *Kärrelerennen Öhningen* schon Ufos, Leichenwagen und rollende Kirchen gesichtet. Der »Große Preis vom Haldenacker« wird nach dem Rennen im »Hexenkeller« verliehen.

Verbrannt wird eine Hexe derweil in den Bergen von Kehlegg. Am Wochenende nach Aschermittwoch stapelt die Funkenzunft einen hohen Holzturm auf, um ihn nach Einbruch der Nacht abzufackeln. Obenauf sitzt eine mit Pulver gefüllte Hexenpuppe, die ganz nach Pyromanenkunst in die Luft fliegen soll. Ein Festzelt für die kulinarische Begleitung des *Kehlegger Funkens* gibt's auch.

Die wohl mit »späteste Fasnacht der Welt« feiern die nach einem Bodenseefisch benannten »Groppen« in Ermatingen – drei Wochen vor Ostern. Die festlichen Traditionen der *Groppenfasnacht Ermatingen* haben Wurzeln im Fischfang, den beim alle drei Jahre stattfindenden großen Umzug die Fischer repräsentieren. Alljährlich steht hingegen die Rathausbefreiung an.

← Nach allen Regeln der Pyromanenkunst wird bei der Funkenzunft Kehlegg die Hexe verbrannt

7 **Kärrelerennen Öhningen • Am Haldenacker, 78337 Öhningen • piraten-vom-untersee.de**

8 **Kehlegger Funken • Kehlegg 128, 6850 Dornbirn, Österreich • funkenzunft-kehlegg.at**

9 **Groppenfasnacht Ermatingen • 8272 Ermatingen, Schweiz • groppenfasnacht.ch**

Umsonst & Draußen-Festival

We are family!

→ **Der Ort des Geschehens: Draußen beim Freibad steigt das Musikfestival**

→ **Die Stimmung: zum Abheben!**

Hinterm Freibad von Weingarten bei Ravensburg lautet das Motto am ersten Wochenende nach den Sommerferien: umsonst und draußen. Wetter egal. Denn selbst wenn es Katzen hagelte, ließen sich Bands und Besucher des Festivals das Feiern nicht nehmen. Dass sich bereits zehnmal mehr Bands für einen Auftritt bewarben, als an den zwei Tagen überhaupt auftreten können, zeigt den Rang des Events im regionalen Musiksommer. »Wir fördern die regionale Musikkultur, das heißt, dass wir überwiegend regionale Bands buchen und diese mit überregionalen Headlinern kombinieren«, erklärt Organisator Fabian Ruf. So traten schon »Rainer von Vielen« aus dem Allgäu auf, deren Hit »Mein Block« deutschlandweit zum musikalischen Partyinventar gehört. Singer-Songwriter Peter Pux aus Ravensburg hängte sich in Weingarten auch mal die Gitarre um, ebenso wie die drei unzerstörbaren Voodoo-Punk-Rocker »Lombego Surfers« aus Basel. Alles, was Spaß macht!

Das gilt auch für den zweiten Festivaltag, am Samstag gibt's tagsüber Programm für die ganze Familie. Schlammcamping und Dosenstechen sieht man hier eher weniger. Stattdessen Hüpfburg, Federball, Murmelbahn und Bolzplatz, begleitet von den Beats von der Bühne. Man schlendert übers Gelände, deckt sich mit Pommes, Cola, Wurst und Bier ein – Veganes und Alkoholfreies haben ebenfalls ihren Platz – und genießt die entspannte Stimmung dieser ziemlich lässigen Ganztagesfete. Ein Hingucker: die riesige Skulptur aus gestapelten Bierkisten, die inzwischen zum Markenzeichen eines jeden *U&D-Festivals* geworden ist. Und man freut sich: Je älter der Tag wird, desto prominenter werden auch die Musiker. Nach Einbruch der Dunkelheit drängt sich die Menge ins Bühnenlicht: Ich will eure Hände sehen!

10 **U&D-Festival • Nessenreben 3, 88250 Weingarten • umsonstunddraussen.org**

Am Dichtermeer
Erzählzeit beim Literaturfestival

Das Bodenseewasser scheint äußerst inspirierend zu wirken. Besonders auf Dichter und Schriftsteller, die sich bis in die Gegenwart gerne an seinen Ufern niederlassen und aus dem literarisch ergiebigen Boden der Gegend ihre Stoffe wühlen. Die Preisträger-Liste des »Bodensee-Literaturpreises«, der seit 1954 in Überlingen verliehen wird und Werke mit Bezug zur Region würdigt, weist jede Menge Prominenz auf. Allen voran Martin Walser, Peter Stamm, Monika Helfer und Arnold Stadler. Hermann Hesse, einer der berühmtesten See-Anrainer mit eigenem Museum in Gaienhofen, hat den Preis nicht bekommen. Stattdessen hatte er seit 1946 den auch nicht unbedeutenden Literaturnobelpreis in der Tasche.

Die ganze Lebhaftigkeit der seenahen Dichterszene verkörpert das *Literatur-Festival »Erzählzeit ohne Grenzen«*. Jedes Jahr im April lockt es Dutzende Autoren ins Dreieck Singen-Höri-Schaffhausen. In Bibliotheken, Gasthäusern, Theatern, Museen, Vinotheken und Rathäusern lesen Schriftsteller aus ihren Werken. Sie kommen u. a. aus Deutschland, Österreich und der Schweiz und verkörpern damit den grenzüberschreitenden Anspruch des kunterbunten Festivals. Mit Lukas Hartmann, abermals Monika Helfer, Feridun Zaimoglu oder Max Goldt haben sich bereits echte Dichterpromis in die ländliche Seenähe gewagt. Da die einzelnen Locations räumlich größtenteils überschaubar bleiben, entwickeln sich die Lesungen immer mal wieder zu fast schon privaten Sternstunden. Oder die Orte präsentieren sich selbst als Charakterdarsteller wie die malerisch in den Reben gelegene *Bergtrotte Osterfingen*. Ihr Fachwerksaal wird gerne für die »Erzählzeit« gebucht.

← In der Stadtbibliothek Schaffhausen stellt Susann Pásztor ihr Buch vor

← Die Eröffnung der »Erzählzeit ohne Grenzen« beginnt mit einem Gespräch

INSIDER-TIPP
Von der Weinpresse zum Lesetempel

11 **Literatur-Festival »Erzählzeit ohne Grenzen« • erzaehlzeit.com**

12 **Bergtrotte Osterfingen • Trottenweg 38, 8218 Osterfingen, Schweiz • bergtrotte.ch**

Mammut-Floßrennen

Riesen-Gaudi auf Sitter und Thur

→ **Von Zirkus bis Pippi Langstrumpf: Einfallsreich dekoriert gondeln die Flöße vorbei**

Am Ufer der Sitter breitet ihr zunächst eure Decke aus und plündert den mitgebrachten Picknickkorb. Falls der Inhalt nicht reicht: Oben an der Straße verkaufen sie Bier, Kaffee, Kuchen, Eis und Brotwurst. So nennen die Schweizer eine Bratwurst im Brötchen. Die kulinarische Versorgung ist also gesichert. Dann heißt es warten. Denn bis die ersten Teilnehmer vom *Mammut-Floßrennen Sitter-Thur* vorbeikommen, dauert es ein Weilchen. Erfahrene Schlachtenbummler sind bereits früh da. Seit Mitte der Siebziger findet die 12 km lange Wettfahrt auf den Flüssen Sitter und Thur traditionell am Muttertag statt. Gestartet wird in Degenau, gut 12 km westlich von Arbon, tausende Zuschauer begleiten das Rennen entlang der Strecke.

Dass sich die ersten Flöße schließlich nähern, hört man, bevor man sie sieht. Eine tosend heranrollende Welle der Begeisterung am Ufer begleitet sie. Etliche Flößer haben auch Musik an Bord, so wummert euch die Party regelrecht entgegen. Optisch sind die Flöße dann eine wahre Pracht. Monatelang haben die Flößerteams an ihren Fahrzeugen samt Aufbauten gewerkelt. Da schwanken riesige Fonduetöpfe durchs Wasser, ganze Märchenschlösser, karibische Inseln und schnittige Speedschachteln. Manche Teams treten in der Rennklasse an, darin gewinnt, wer als Erster im Ziel in Kradolf angelangt ist. Eine Jury bewertet die imposantesten Aufbauten, Kostüme und Ideen in der Originalitätsklasse. In der Plauschklasse lässt man sich ganz ohne Wertungen einfach treiben. Was schon Herausforderung genug ist, denn Stromschnellen, Untiefen und andere Gefährte auf unfreiwilligem Rammkurs bringen die Schiffer und ihre schaukelnden Konstruktionen in mitunter arge Bedrängnis. Eine Riesengaudi bleibt's allemal, für Flößer und Zuschauer gleichermaßen.

13 **Mammut-Floßrennen Sitter-Thur • 9214 Kradolf, Schweiz • flossrennen.ch • Eintritt: 5 Franken**

ZIRKUS
KNIE

Nah am Wasser geschaut Open-Air-Kinos direkt am Ufer

Wenn der Sommer seinen Höhepunkt erreicht, rollen die Ufergemeinden gern die Leinwand aus. Dann verwandeln sich Parks und Häfen vorübergehend in Filmtheater unter freiem Himmel, der Reiz liegt in der Dreifachkulisse: Während die Streifen über die Leinwand flimmern, glitzert das Seewasser im Lichterglanz, über dem luftigen Kinosaal wölbt sich das Sternenfunkeln. Von den Buden weht der Duft von Popcorn und Bratwurst herüber, das sind sie – die schönsten Seiten einer lauen Sommernacht.

Einen Mix aus Programmkino, deutschen Produktionen und Blockbustern zeigt das *Open Air Kino in Wasserburg* am Obersee. Es findet im August im Freibad Aquamarin unmittelbar am Wasser statt. Wer das richtige Timing mitbringt, genießt kurz vor der Vorstellung noch einen spektakulären Sonnenuntergang, bevor nach Einbruch der Dunkelheit der Projektor angeschmissen wird.

Jüngere Filme und aktuelles Popcorn-Kino gibt's im *Coop Open Air Cinema* in Kreuzlingen von Mitte August bis Mitte September. Als Kulisse dient der Hafen der Stadt, was optisch hin und wieder zu einigen Ablenkungen vom Leinwandgeschehen führt.

Auf deutscher Seite sind die *Radolfzeller Filmnächte* – drei Abende Ende Juli, Anfang August, wenn sich das Strandbad Mettnau in ein Open-Air-Kino verwandelt – cineastische Leckerbissen. Die Atmosphäre ist lässig, seine Sitzgelegenheit bringt man in Form einer Picknickdecke selbst mit.

← Fester Termin im Kalender: die Radolfzeller Filmnächte unter freiem Himmel

INSIDER-TIPP
Sundowner im Vorprogramm

14 **Open Air Kino Wasserburg • Reutener Str. 12, 88142 Wasserburg • wasserburg-bodensee.de/open-air-kino**

15 **Coop Open Air Cinema • Hafen Areal, 8280 Kreuzlingen, Schweiz • open-air-kino.ch**

16 **Radolfzeller Filmnächte • Strandbad Mettnau, 78315 Radolfzell • radolfzell-tourismus.de**

Strandfestwochen Rorschach Chill dich durch den Sommer

→ Direkt am Wasser – die perfekte Kulisse für die Strandfestwochen

→ Egal, ob stehend oder sitzend auf einer der Paletten – gemütlich klingt der Abend bei Musik aus

Das schönste Palettenlager am gesamten Bodensee findest du von Ende Juli bis Mitte August an der Bucht von Rorschach, direkt am Wasser hinter dem »Würth-Forum«. Die hölzernen Stapel dienen als geräumige Sitz- und Lümmelbänke. Oder als Hafenbühne. Vor der grandiosen Oberseekulisse im goldenen Schein der untergehenden Sonne bauen darauf die unterschiedlichsten Musiker ein kleines Set auf. Manchmal hat man ein bisschen Angst um sie: Nur ein paar Schritte nach hinten und sie spielen im Wasser weiter. Auf ihren Paletten wippen die Strandfestgäste dazu mit den Köpfen im Takt, in der Hand einen kühlen Drink, der Sommer kann schon eine ziemlich entspannte Angelegenheit sein. Denken sich vermutlich auch die Stehpaddler, die im Hintergrund durchs Bild gleiten und den festlichen Abend vom Wasser aus genießen.

Dabei geht jeder Tag der *Strandfestwochen Rorschach* schon am Vormittag los, die Imbissbuden und Foodtrucks öffnen zur Mittagszeit. Dann kommen die ersten Mittagspäusler aus der Stadt herübergepilgert und schlemmen mal was Italienisches, mal was Asiatisches am Ufer. Das kulinarische Motto wechselt immer wieder. Wer etwas mehr Zeit mitgebracht hat, leiht sich vor Ort ein Stehpaddelbrett und macht sich auf den Weg durch die Bucht. Danach noch Kaffee und Kuchen, das eine oder andere gute Gespräch, bald darauf steht Yoga auf dem Programm. Gibt's gratis auf der Hafenwiese – für die vollendete Entspannung. Bevor abermals die Festbeleuchtung angeknipst wird und sich der nicht vorhandene Vorhang für den nächsten Act auf der Hafenbühne hebt. Für Sommertage wie diese wurde das Wort chillig erfunden.

INSIDER-TIPP
Was für ein SUPer Nachmittag!

17 **Strandfestwochen Rorschach • Seepromenade Churerstr., 9400 Rorschach, Schweiz • strandfestwochen.ch**

Das war ein bisschen viel an Info? Du weißt nicht, wo du anfangen sollst? Na dann, hier kommen ein paar Vorschläge: die Tipps aus diesem Buch, neu gedacht, neu sortiert. Teste dies, probiere das und würfel alles wieder neu zusammen!

Mix & Match

Mach dein eigenes Ding

Kurzurlaub
In zwei Tagen besonders viel erleben

Tag 1

Ein Morgen fast wie vor 700 Jahren
Der Tag beginnt in der Konstanzer Altstadt, das ist nicht nur konzilbedingt geschichtsträchtiges Pflaster. Nicht gepflastert ist zum Glück das weiche Bett deiner Unterkunft: Im charmant renovierten *Zum Egle 1336* träumten schon die Menschen des 14. Jhs. → **S. 78**

Durch die Gassen von Hus zu Hus
Gewissermaßen direkt vor der Haustür begibst du dich auf die Spuren des Reformers Jan Hus, der zu Konzilzeiten in den Konstanzer Gassen die letzten Wochen seines Lebens verbrachte. An gleich mehreren Stellen, etwa dem *Hus-Haus*, kannst du seinem tragischen Weg ins Feuer nachspüren. → **S. 144**

Einkehr im *Constanzer Wirtshaus*
Im Biergarten am Rheinufer genießt du unter alten Bäumen eine leckere Portion Maultaschen und die Aussicht: Rhein, Altstadt-Skyline und »Constanzer Helles« direkt vom Fass. Kleiner Tipp: Nimm angesichts des weiteren Tagesprogramms lieber ein alkoholfreies Wirtshausbier! → **S. 35**

Wurzelritt am Schienerberg
Jetzt ein bisschen Action: Der *Bikepark Schienerberg* → **S. 97** auf den Höri-Höhen bietet dir von Anfängerblau bis Lebensmüdeschwarz drei verschiedene Trails für ein rasantes Downhill-Abenteuer auf dem Mountainbike. Der Weg führt über schmale Trails, Baumwurzeln und Schanzen.

In der Sandseele den Tag ausbaumeln lassen
Der Tag geht, »Aperol Spritz« kommt: Einer der schönsten Sonnenuntergänge macht sich auch in deinem Aperitif bemerkbar, während du im *Restaurant Sandseele* die Füße ausstreckst und auf einen gelungenen Tag anstößt. → **S. 43**

Tag 2

Frühstück vom Konditor
Für den perfekten Einstieg in den Tag platzierst du dich im *Café Höpker* in Friedrichshafen. Dort zaubern sie nämlich nicht nur spektakuläre Torten, sondern ab 9.30 Uhr auch ein feines Frühstück, das im morgendlichen Ambiente des romantischen Gartens gleich dreimal so gut schmeckt. → **S. 48**

Sogleich ab aufs Brett
Auf ins benachbarte Vorarlberg! In Bregenz buckeln sich gleich zwei spektakuläre *Skateparks* → **S. 117** in die Stadtlandschaft. So rollst und springst du durch eine »Poollandschaft« aus Beton und feilst an deiner Brettathletik. Oder bestaunst am Beckenrand die neuen Tricks von den Skatern.

Traditionssprung ins kühle Nass
Nach dem Sport erstmal einen Satz in den See. Federleicht gelingt das im *Mili*, einer alten Bregenzer Traditionsbadeanstalt. Zeig, welche Kunstnummer du beim Sprung vom federnden Brett auf Lager hast, vom Bauchplatscher bis zur phänomenalen Arschbombe ist alles möglich.
→ **S. 114**

Über 139 Stufen musst du gehen
Der *Lindauer Leuchtturm* → **S. 65** zählt zu den absoluten Schnappschuss-Promis am See. Du interessierst dich aber viel mehr für seine inneren Werte. Und guckst dir sein Treppenhaus an. Das wurde so unterhaltsam ausgemalt, dass dir Seestaub und Schäfchenwellen bald sehr vertraut sind.

Große Oper im Kleinformat
Die Stars der »Zauberflöte« und weiterer Meilensteine des Musiktheaters hängen in Lindau am seidenen Faden. Das Ensemble besteht aus handgefertigten Marionetten, die den Opernstoff virtuos auf die Bühne der *Marionettenoper Lindau* bringen.
→ **S. 19**

Auszeit
Ein herrlich entspannter Tag

Fruchtiger Tagesbeginn

Wenn der Morgen unter dem Apfelbaum beginnt, kann der Tag nur lässig werden. Auf dem *Hof Hagschnurer* hat Familie Bauer ein Bett nicht ins Kornfeld, sondern unter den Apfelbaum gestellt. Außer Fallobst hast du hier nur ein außergewöhnlich naturnahes Erwachen zu »befürchten«. → **S. 40**

Nullkommanix im Museum

Dann erstmal Nichtstun mit kulturellem Anspruch, und zwar in St. Gallen im *Museum of Emptiness*. Was es dort zu sehen gibt: nichts. Oder? Das künstlerische Konzept besteht im Erleben eben nur vermeintlicher Leere. → **S. 85**

Mach den Bratling

Die Planken der *Badhütte Rorschach* → **S. 137** sind genau das Richtige für einen unaufgeregten Seegenuss. Schließlich hat sich an dem Nostalgiebad seit fast hundert Jahren nichts groß geändert. Also streckst du dich auf dem historischen Holz aus und lässt dich sonnenverwöhnen. Oder gleitest sanft ins Seewasser hinab.

In den Sonnenuntergang flanieren

Du hast die Qual der Wahl an der *Bregenzer Seepromenade:* Eis essen, Schach spielen, Tretboot fahren, Jachten bestaunen. Alles sehr entspannt und voller bunter Entdeckungen. Ende der Müßiggang-Fahnenstange ist die Sunset-Bar am Fischersteg, wo das Licht der untergehenden Sonne den Schampus im Glas erglühen lässt. → **S. 147**

Hausbräu und Hendl

Für ein zünftiges Abendessen überschreitest du die Landesgrenze zu Österreich und nimmst auf der Terrasse des *Brauereigasthofs Reiner* in Lochau Platz – gepflegte alpenländische Gemütlichkeit. Kulinarisch gesellt sich das süffige Bier des Hauses dazu, bald darauf ein Backhendl oder Käsknöpfle. So lässt sich's aushalten! → **S. 50**

Weltreise
Exotische Orte ganz nah

Komplett lost in Fernost
Im Onsen-Bad des *Bora HotSpa-Resorts* in Radolfzell lässt du dich auf japanische Art durch die Wellnesswelt tragen. Nach dem Bad im 40° C warmen Wasser geben dir die Bambussauna und die Salzgrotte den relaxten Rest. Zur Erholung spannst du draußen auf der Liege direkt am See aus. → **S. 126**

Tatonka, Tatonka!
Während der nächtlichen Wanderung Richtung Bodman beim *»See-Gang«* schnauben plötzlich mächtige Tiere am Wegesrand – eine Herde Bisons. Und das Kopfkino trägt dich fort in die Weiten der nordamerikanischen Steppe, deren unangefochtene Herrscher die mächtigen Rinder einst waren … → **S. 110**

Ein Hauch von Honolulu
Unvorstellbar, aber wahr: Hawaii grüßt dich in Litzelstetten. Das *Restaurant Ko'Ono* → **S. 138** brutzelt pazifische Barbecue-Platten, reicht fruchtige Cocktails und sorgt mit fröhlicher Gastfreundlichkeit für einen ausgelassenen Aloha-Abend.

Weltweites Wachstum
Überraschende Begegnungen: Das Arboretum der *Insel Mainau* bevölkern u. a. Himalayazedern, Kalifornische Dufteiben und skurrile Taschentuchbäume. Angesichts des hohen Besuchs aus so weit entlegenen Weltgegenden fühlt man sich nicht nur als Botaniker geschmeichelt. → **S. 27**

Mostindische Blütenpracht
Eine sprachliche Laune des 19. Jhs. hat den Thurgauern ein Etikett verpasst, das sie nicht mehr loswerden: Sie leben in *Mostindien*. Den Ruf verdanken sie dem wenig subkontinentalen ausgequetschten Apfel. Souverän quetschen sie weiter und feiern die »Bluescht«. → **S. 40**

Kinderkram
So werden die Kleinen glücklich

Geschichte im Playmo-Style
Das Geschäft der Konstanzer Landesarchäologen sind historische Bodenschätze wie Pfahlbauten. Die Früchte ihrer Arbeit garnieren sie im *Archäologischen Landesmuseum* mit Playmobil. Als kleine Überraschungen in den Vitrinen oder als große Landschaften auf dem Dachboden. → **S. 8**

Ausflug ins Action-Freibad
Im *Wellenbad Ailingen* → **S. 113** nehmen dich die Wasserkanonen unter Beschuss, der Wellengang im großen Becken dreht dich ganz schön durch die Mangel. Zur Abwechslung kreiselst du dich durch die Röhrenrutsche oder lässt dich im Strömungskanal treiben.

Alle Mann an Deck!
Das spektakulärste Piratenschiff der ganzen Region hat vor der Robinsoninsel festgemacht. Das Eiland liegt im *Schlosssee Salem* und erweist sich als Paradies für junge Freibeuter und Enterkommandos – deren Scheitern mit einem Platscher von der Planke endet. Auf ein Neues mit Gebrüll! → **S. 93**

Pump up the Speed!
Auch auf Fahrrädern lässt sich wellenreiten! Junge Bewegungskünstler beweisen, dass man auf dem bodenwelligen Geläuf der hiesigen *Pumptracks* auch ohne Pedalkraft ordentlich Fahrt aufnimmt. Mit Speed geht's dann durch Steilkurven und über Hindernisse. → **S. 104**

Wie wär's mit einem Himmelsspaziergang?
Kletterbrücken und Röhrenrutsche lauten die Zutaten für den Höhenrausch auf dem *Skywalk Allgäu* → **S. 16** in Scheidegg. Das Abenteuer spielt sich in schwindelnder Wipfelhöhe ab. Wieder auf dem Waldboden der Tatsachen angekommen lockt auf dem Erlebnispfad ein Wettspringen mit Reh & Co.

Sauwetter
Wo es bei Regen besonders schön ist

Sternenhimmel trotz Mistwetter
So wolkenverhangen kann der Himmel gar nicht sein, dass in Kreuzlingen nicht doch tausende Sterne aufziehen. Das *Bodensee Planetarium* zaubert sie dank »Skymaster« auf seine Kuppel. Von dieser intergalaktischen Magie wirst du nur so hineingesogen in die unendlichen Weiten von Zeit und Raum. → **S. 141**

Cabrio-Genuss bei Regen
... gibt's im *Museum Art & Cars* → **S. 69** in Singen. Seltene Karossen mit und ohne Verdeck aus sämtlichen Epochen des Automobilbaus funkeln dort im Licht heller Spots. An den Wänden gigantische Videoprojektionen, Fotokunst und Malerei – ein vielseitiges Fest für Ästheten.

Mit Köpfchen durch die Wand
In den drei *Boulderhallen* kletterst du ohne Helm und Sicherung nicht nur einfach drauflos, es ist auch immer trocken. Hunderte Touren animieren dich zu Höchstleistungen, du verlangst deinem Körper alles ab und findest dich nicht zuletzt in einer sympathischen Runde Gleichgesinnter wieder. → **S. 101**

The sun always shines on *Dornier*
Unter einem blauen Himmel hebst du mit deiner Maschine in Friedrichshafen ab, das Wetter spielt mit. Zum Glück! Denn während der ersten Flugminuten beschäftigen dich die Instrumente vor deiner Nase vollauf. Aber alles easy: Der Simulator verzeiht sogar Bruchlandungen. → **S. 12**

Die ganze Natur unter einem Dach
In der *Inatura* in Dornbirn ist es egal, ob es draußen schüttet oder nicht. Die einheimische Tierwelt, der menschliche Körper sowie die Wunder der Naturwissenschaften sind viel zu faszinierend ausgestellt. → **S. 66**

Dies & Das

Karten, Register und mehr

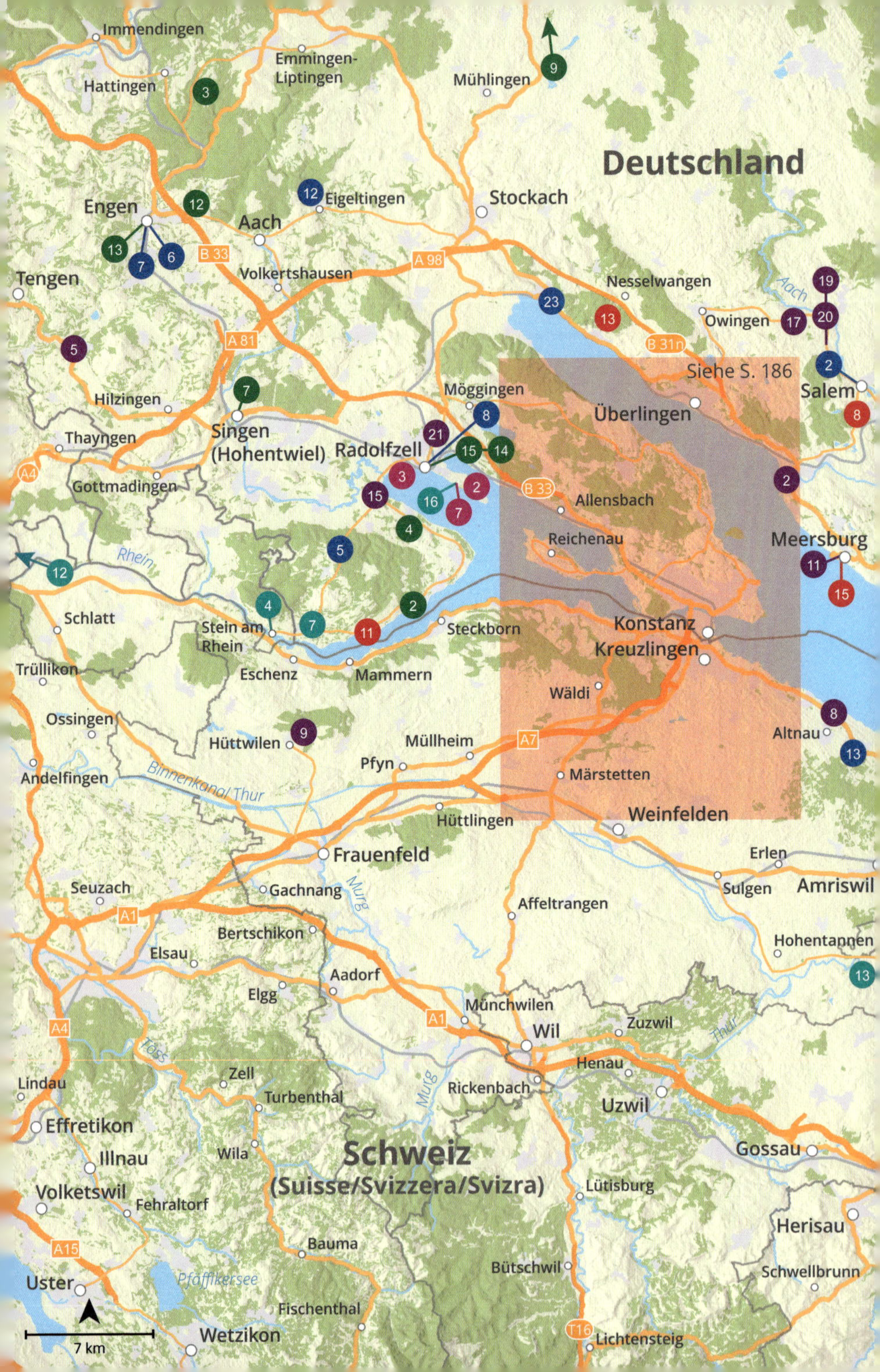
Immendingen
Emmingen-Liptingen
Mühlingen
Hattingen
Deutschland
Engen
Eigeltingen
Stockach
Aach
B 33
A 98
Volkertshausen
Tengen
Nesselwangen
Aach
Owingen
B 31n
A 81
Siehe S. 186
Salem
Hilzingen
Möggingen
Überlingen
Thayngen
Singen (Hohentwiel)
Radolfzell
A4
Gottmadingen
B 33
Allensbach
Reichenau
Meersburg
Rhein
Schlatt
Stein am Rhein
Steckborn
Konstanz
Kreuzlingen
Trüllikon
Eschenz
Mammern
Wäldi
Ossingen
Hüttwilen
Müllheim
A7
Altnau
Pfyn
Andelfingen
Binnenkanal Thur
Märstetten
Hüttlingen
Weinfelden
Frauenfeld
Erlen
Seuzach
Gachnang
Murg
Sulgen
Amriswil
Affeltrangen
A1
Bertschikon
Hohentannen
Elsau
Aadorf
Elgg
Münchwilen
A1
Zuzwil
Wil
Thur
Töss
Zell
Henau
Lindau
Turbenthal
Rickenbach
Murg
Uzwil
Effretikon
Illnau
Schweiz
(Suisse/Svizzera/Svizra)
Wila
Gossau
Volketswil
Fehraltorf
Lütisburg
Herisau
A4
A15
Bauma
Bütschwil
Schwellbrunn
Uster
Pfäffikersee
Fischenthal
T16
Wetzikon
Lichtensteig
7 km

Klassiker reloaded
Leckerbissen
Kreative Orte
Wilde Seite
Ruhige Ecken
Pralles Leben
Pfrunger-Burgweiler Ried
Altshausen
Bad Waldsee
Schussen
Baindt
Berg
Weingarten
Ravensburg
Bavendorf
B 30
Grünkraut
Oberteuringen
Markdorf
Meckenbeuren
Bodnegg
Amtzell
Wangen im Allgäu
B 31
Tettnang
A 96
Eglofs
Friedrichshafen
Hergatz
Laimnau
Achberg
Heimenkirch
Bodensee
Argen
Kressbronn am Bodensee
Siehe S. 187
Lindenberg im Allgäu
Kesswil
Weißensberg
Scheidegg
Weiler-Simmerberg
Nonnenhorn
Romanshorn
Wasserburg-Bodensee
Lindau (Bodensee)
Möggers
Egnach
Lochau
A23
Arbon
Österreich
Steinach
Bregenz
Alter Rhein
Rorschach
A1
Lauterach
Rhein
Alberschwende
Sankt Gallen
Sankt Margrethen
Au
Lustenau
Egg
Dornbirn
Andelsbuch
Widnau
Marbach
A14
A13
Bühler
Altstätten
Reuthe
Hohenems
Gais
Alpen
Mellenbach
Kommingen
Götzis
Appenzell
Oberriet

Überlinger See
Überlingen
B 31n
Auenbach
Nußbach
Mindelsee
B 33
Allensbach
Bodenseeufer
Bodensee
Gnadensee
Reichenau
Wollmatinger Ried
Rhein
Salenstein
Ermatingen
Konstanz
Tägerwilen
Kreuzlingen
A7
Wäldi
Bottighofen
Lengwil
Tobelbach
Märstetten
2 km
19
16
2
15
14
14
8
10
14
9
1
12
11
4
1
18
3
5
15
16
19
18
18
15
21
9
16
6

Klassiker reloaded
Leckerbissen
Kreative Orte
Wilde Seite
Ruhige Ecken
Pralles Leben
Deutschland
A 96
Sigmarszell
Weißensberg
Leiblach
6
Wasserburg - Bodensee
Bodolz
14
6
A 96
Hörbranz
13
Lindau (Bodensee)
10
3
5
A14
Leiblach
12
18
Lochau
Bodensee
22
Naturschutzgebiet Mehrerauer Seeufer Bregenzerachmündung
20
25
Bregenz
Rheindelta
2
10
24
A14
Bregenzer Ach
Fußach
Lauterach
Kennelbach
Rhein
Dornbirner Ache
Lustenauer Kanal
Lauteracher Ried
A14
Österreich
1 km
A1

Register

Impressum

1. Auflage 2022

Printed in Italy

MIX
Papier | Fördert gute Waldnutzung
FSC® C015829
www.fsc.org

Text: Florian Wachsmann
Gestaltung Titel, U2 + U4:
Eggers + Diaper, Potsdam
Gestaltung Innenteil + U3:
Sofarobotnik – Büro für Gestaltung, Augsburg & München
Lektorat
Guido Huß, Stephanie Ziegler
Bildredaktion
Anja Schlatterer
Produktion
red.sign GbR, Stuttgart
Kartografie
© MAIRDUMONT, Ostfildern, unter Verwendung von Kartendaten von OpenStreetMap, Lizenz CC-BY-SA 2.0

Bildnachweise

Titelbild: mauritius images/Boris Lehner

Fotos: Adler Lippertsreute (50); Badhütte Rorschach (136 o.); Bikepark Brandnertal: Michael Marte (96); Bodensee Planetarium und Sternwarte (140); Bodensee Wasserversorgung (25); Bodenseegärten (149); BodenseeLiebe (83); bora HotSpaResort (127 u.); Burg Meersburg GmbH (28); Café Höpker (49); Campus Galli (70, 71); canyoningguides.at: Roman Beer (90); Constanzer Wirtshaus (34); Das Blöckle Ravensburg (100, 181); Deutsche Trüffelbäume (54); Dornier Museum (13 o.); Draenert GmbH (86, 87); Erzählzeit: Wolfgang Schneble (166); Helmut Fidler (21 o.); Funkenzunft Kehlegg (162); Gataric Fotografie (79 u.); Historische Schifffahrt Bodensee: Archiv Hohentwiel (154 u., 177), Wolfgang D. Schneider (154 o.); Hofgut Schleinsee (10/11); Hotel Lochmühle GmbH (103); huber-images: Reinhard Schmid (42 o.); Corinna Hurschler (169); inatura: Petra Rainer (66); KommundSee: Hari Pulko (161); laif: Dagmar Schwelle (33); Logis Freyja (128); lookphotos: Martin Kreuzer (127 o.), Ingolf Pompe (21 u., 42 u.), Thomas Stankiewicz (124); mauritius images/imagebroker: Markus Keller (98/99), Rudi Sebastian (134), Wolfgang Veeser (135); Achim Mende (131 o.); Christoph Morlok (107); Museum Humpis Quartier: Jehle/Will (72 o.), Wynrich Zlomke (72 u., 180); Museum of Emptiness (84); picture-alliance/APA/picturedesk.com: Robert Kalb (119 u.); picture-alliance/imagebroker: Daniel Schönen (136 u.); Pumptrack Güttingen (104, 105); Radolfzeller Filmnächte: Matthias Zizelmann (170); REGIO Konstanz-Bodensee-Hegau e. V. (158); REGIO Konstanz-Bodensee-Hegau e. V./Tourismus Untersee (46 o.); Sandskulpturenfestival Rorschach: Urs Koller (153); Sandra Schwarzwalder (115 u.); Shutterstock: ByeByeSSTK & Birgit Eggers (192), Ksusha Dusmikeeva (2), mindscapephotos (75 u.); Stadt Engen (75 o.); Stadt Friedrichshafen: (112 u.), Faaber (112 o.); Stadt Friedrichshafen/Seehasenfest (94, 95); Stadtwerke Bregenz: Christian Schramm (115 o., 176); Strandfestwochen Rorschach: Rausch (173 u.), Thomas Staub (Klappe innen o., 173 o.); Tarifgemeinschaft Bödele: Jürgen Kostelac (119 o.); Thurgau Tourismus (41, 179); Susanne Trunk-Dietrich (80); TSR GmbH: Kuhnle+Knoedler (76); Umsonst & Draußen-Festival (165); Florian Wachsmann (9, 13 u., 14, 17, 18, 22, 26, 37, 45, 46 u., 53, 59, 60, 61, 62, 64, 68, 92, 111, 116, 123, 131 u., 132, 139, 142, 145, 146, 178, 191); Wakeboard Fahrschule Bodensee (Klappe innen u., 108); Weingut Teresa Deufel (38); www.fotograf-bodensee.ch: Biliana Peneva (157); Zum Egle 1336 (79 o.)

Der Autor

Florian Wachsmann ist stark umzugsgeschädigt (eine Schulzeit in drei verschiedenen Bundesländern), erst während des Studiums fand er in Südbaden die langersehnte Sesshaftigkeit. Heute arbeitet er als Redakteur beim Burda-Verlag. Den Bodensee, sein nächstgelegenes Meer, entdeckt und genießt er seit Jahren als Stehpaddler, Camper, Wanderer und Historiker.

Lob oder Kritik? Wir freuen uns auf deine Nachricht!
Trotz gründlicher Recherche schleichen sich manchmal Fehler ein. Wir hoffen, du hast Verständnis, dass der Verlag dafür keine Haftung übernehmen kann. Wir freuen uns aber, wenn du uns schreibst:

MARCO POLO Redaktion
MAIRDUMONT
Postfach 31 51
73751 Ostfildern
info@marcopolo.de

Bloß nicht!

Fettnäpfchen und Reinfälle vermeiden

In Konstanz als Fußgänger auf die Radwege geraten!

Damit betrittst du fremdes Hoheitsgebiet, das im besten Fall panisch klingelnd und empört verteidigt wird. Den städtischen Radlern sind ihre Pisten heilig, und wer bremst, verliert.

Der Wetter-App glauben

Es haben schon Menschen auf den Strandbadbesuch verzichtet, weil ihr Handy ihnen das Graue vom Himmel runtergelogen hat. Häufig wechselt die Wetterlage ruckzuck, da lohnt sich ein ganz eigener Blick ins Freie.

Die Landesgrenzen übersehen!

Zwischen D, A, CH dürfte das nicht schwer sein. Falls du aber (zwischen Immenstaad und Fischbach) von Baden nach Württemberg stolperst und die Eingeborenen in einen (womöglich sogar schwäbischen) Topf wirfst – oje! Gilt auch für die Einreise nach Bayern.

Mit verkniffenem Gesicht hinterm Steuer sitzen

Denn rund um den See, auf allen Arten von Schnell- und Langsamstraßen, wird geblitzt, bis der Datenträger glüht. Also bitte immer recht freundlich! Oder Vorsicht am Gas. Ansonsten kommt schnell ein teures Fotoalbum zusammen.

Die Geduld verlieren

Die ufernahen Land- und Bundesstraßen präsentieren sich – aller Umfahrungen und Ausbaustufen zum Trotz – gerne mal als Stauraum. Das liegt daran, dass immer irgendwo eine Baustelle klafft und einfach viel los ist. Da helfen nur Geduld oder ein Fahrrad.